東北大学教養教育院叢書
大学と教養 2

震災からの問い

東北大学教養教育院＝編

東北大学出版会

Artes Liberales et Universitas

2 Issues raised
after the Great East Japan Earthquake

Institute of Liberal Arts and Sciences Tohoku University

Tohoku University Press, Sendai
ISBN978-4-86163-304-1

はじめに

　2011年3月11日金曜日の午後2時46分、三陸沖を震源とする我が国観測史上最大となるマグニチュード9.0の「東北地方太平洋沖地震」が起こり、東日本の広い範囲で震度6を超す激震となった。さらにその後、この超巨大地震により大津波が発生し、東北から関東の太平洋岸を襲った。この大津波は、社会基盤・生活基盤を根底から破壊し、かつ景観を一変させ、行方不明者も加えると1万8千名を超える尊い人命を奪った。この甚大な被害をもたらした出来事は、「東日本大震災」と名付けられた。

　東日本大震災で何らかの経験をした人はもちろん、日本人すべてが、否世界中の人が、それまでの個人の生き方や歩み方、そして地域社会や国の、さらには人類のあり方への省察を強いられる機会となった。実際、震災を契機とし、私たち一人ひとりが「私の3.11」を心に刻み、その後を生活しているのではなかろうか。

　本書は、被災地域の中心に位置し、実際甚大な被害を受けた東北大学の教育・研究と、「東日本大震災」と名付けられたこの出来事との関わりを振り返り、本学教養教育院の先生方を中心に、「3.11」以後の教養のあり方を考察した論考を収めたものである。

　本書第一部では、まず総論として「教養」や「教養教育」を、東日本大震災で浮かび上がった論点から論ずる。第一章は本書の基礎となる論考で、「想定外を想定する力とは教養である」こと、すなわち、「震災」と「教養」の関連の強さを訴える。第二章では、「震災」に直面した時に問われる「真の教養の力」についてどのようなことを求めるべきかを考える。第三章では、震災後の現実のなかで「科学」が、人間、社会、歴史、環境にどう関わっていくべきなのかを「教養」の観点から論ずる。

　第二部では、第一部で示した「震災と教養」の関係を、それぞれの学

問分野において「教養の可能性」を論ずる。まず第四章では、震災による被害とその後の状況を自然科学の視点から客観的に示す。第五章では、震災を経て「防災」はどう変わったのか、科学で防ぎきれない災害を「減災」する思考、予知不可能・想定外の事態を「正しく怖がる」ための教養が論じられる。第六章では、地方における「ことば」と「ふるさと」の強いきずなを、「方言」の心的一体化醸成機能という側面から読み解き、あわせて「生きること」にとって「方言」が不可欠な理由を明らかにする。第七章では、歴史上度重なる自然災害を経験することで日本の人々の心に根付いた「無常観」を元に、時に人知（科学）を超えて襲う「畏れるべきものであり、慎むべき不安でもあった根源の力」であり、一方で自らの心の中にある我々自身の鏡像でもある自然を、「ふるさと」として見つめ直し、そこに自らの生の根源を認めんとする「教養」を論ずる。「おわりに」では、震災後の「集中復興期間」に行われてきた各種事業の現状と問題点を分析した上で、今日なお「暮らし」と「仕事」を取り戻せないまま置き去りにされている人々が多くいる実態を指摘し、課題の困難さを浮き彫りにする。

　なお、同じく東北大学出版会から、『今を生きる─東日本大震災から明日へ！　復興と再生への提言─』という全5巻の叢書が刊行されている（1　人間として【座小田豊・尾崎彰宏編】、2　教育と文化【水原克敏・関内隆編】、3　法と経済【稲葉馨・高田敏文編】、4　医療と福祉【久道茂・鴨池治編】、5　自然と科学【吉野博・日野正輝編】、2012年〜2013年）。叢書の刊行の趣旨を「震災による死者たちの記憶を風化させることなく、確かなものとして留めること」とし、「今回の震災で経験した貴重な新しい『知』をどのように生かすべきか、また、現在の『生、あるいは生活』をより良い方向へ進めるための指針を、オリジナルの論考をもって示」すとしている（「刊行のことば」より）。本書の内容と密接に関連する論考が多く含まれており、本書と合わせて読んでいただければ幸いである。

はじめに

　最後に、本書の作成にあたり、教養教育院以外の組織から本書の意義
を理解されて忙しい中で貴重な論考をお寄せ下さった先生方に、感謝の
意を表したい。本書を通じて、「教養の力」がいかに大きくかつ強く、
そして柔軟で重要であるかを、玩味していただければ幸いである。

　　　　　　　　　　　　　　2017 年 9 月
　　　　　　　　　　　　　　東北大学教養教育院
　　　　　　　　　　　　　　　　院長　花輪公雄

目　次

はじめに　　　　　　　　　　　　　　　　　　　　花輪　公雄　i

第一部

　第一章　想定外
　　　　　―東日本大震災から見える科学技術と教育の在り方―
　　　　　　　　　　　　　　　　　　　　　　　森田　康夫

　　第一節　私の被災体験 …………………………………………　3
　　第二節　日本の地震学について …………………………………　6
　　第三節　福島第一原子力発電所の事故について ………………　12

　第二章　東日本大震災と東北大学の教養教育
　　　　　―東日本大震災から学んだ教養の重要性―
　　　　　　　　　　　　　　　　　　　　　　　木島　明博

　　はじめに…………………………………………………………　39
　　第一節　東日本大震災では何が起こり、何を考えさせられたのか
　　　　　　…………………………………………………………　40
　　第二節　東日本大震災復興プロジェクトで何をし、何を考えさせ
　　　　　　られたのか…………………………………………………　45
　　第三節　その経験と思考に基づいて考えさせられた教養の重要性
　　　　　　と東北大学の教養教育への期待…………………………　49
　　おわりに…………………………………………………………　51

　第三章　3.11 以後の科学・教育・物語り
　　　　　―K さんへの手紙―　　　　　　　　野家　啓一　55

第二部

第四章　東北地方太平洋沖地震・津波、福島第一原子力発電所事故による食の生産基盤の損壊と復旧―6年後のいま　前　忠彦

はじめに………………………………………………………………　75

第一節　東北地方太平洋沖地震と巨大津波、東日本大震災…　76

第二節　地震・津波による農林水産業関連の被害……………　77

第三節　津波被災農地の復旧対策と6年後のいま……………　78

第四節　福島第一原発事故と食の生産環境、生産物、捕獲物の放射能汚染………………………………………………………　84

第五節　食の安全への取り組み―放射性物質に対する規制値の設定と汚染の実態―………………………………………　86

第六節　降下した放射性セシウムの土壌中での挙動と作物による吸収…………………………………………………………　89

第七節　作物による放射性物質吸収の抑制・低減対策．の実際
………………………………………………………………………　94

第八節　放射能汚染の現状と食の安全、汚染地域の今後……　97

おわりに………………………………………………………………　100

【読者のためのブックガイド】………………………………　104

第五章　防災（減災・「正しく怖がる」）
　　　　　　～自然に対する「畏敬の念」を学び直す～
　　　　　　　　　　　　　　　　　　　　　　佐藤　健

はじめに………………………………………………………………　107

第一節　三陸沿岸地域の津波災害履歴の概観　………………　109

第二節　岩手県大船渡市越喜来地区における災害文化の伝承
………………………………………………………………………　112

第三節　宮城県仙台市七郷地区に存在した郷土史資料とその価値

目　次

　　　　　　　……………………………………………………… 115

　　第四節　岩手県宮古市立藤原地区における自然の二面性をふまえ
　　　　　　た地域学習の事例 ……………………………………… 118

　　第五節　宮城県大崎市岩出山地区における地域に根差した防災教
　　　　　　育の事例 ………………………………………………… 120

　　第六節　宮城県石巻市鹿妻地区における復興教育の実践事例
　　　　　　………………………………………………………………… 123

　　おわりに ……………………………………………………………… 126

第六章　震災と言葉　—被災地にとって方言とは何か？—
　　　　　　　　　　　　　　　　　　　　　小林　　隆

　はじめに　方言とは何かという問い ………………………………… 131

　第一節　伝統文化としての方言 ……………………………………… 132

　第二節　コミュニケーションギャップを生み出す方言 …… 137

　第三節　被災者の心をつなぐ方言 …………………………………… 140

　第四節　方言を次世代に伝える ……………………………………… 147

　おわりに　被災地にとっての方言 …………………………………… 155

第七章　「ふるさと」考
　　　　　　　—「とどまる今」と、「臍の緒」がつなぐ心の世界—
　　　　　　　　　…母はくりやで水の音…
　　　　　　　　　　　　　　　　　　　　　座小田　　豊

　はじめに ………………………………………………………………… 159

　第一節　「ふるさとのなかのわたし」 ……………………………… 161

　第二節　「わたしのなかのふるさと」 ……………………………… 163

　第三節　「永遠」は「現在」のなかに ……………………………… 165

　第四節　「永遠と時間」——プロティノス、そしてクザーヌスへ
　　　　　　………………………………………………………………… 168

　第五節　「ふるさと」とは「臍の緒」のことである ………… 175

vii

第六節 「ふるさと」を「経験」することが「教養」である 179
おわりに …………………………………………………………… 181

最終章 集中復興期間の看過できないこと

工藤 昭彦

はじめに ………………………………………………………… 185
第一節 復興予算と被災現場のミスマッチ ………………… 185
第二節 低い住宅再建事業の進捗率 ………………………… 188
第三節 営農再開から置き去りにされる被災農家 ………… 189
第四節 不透明な原子力災害からの復興 …………………… 194
第五節 震災からの問い ……………………………………… 199

執筆者略歴 …………………………………………………………… 209

第一部

第一章　想定外
―東日本大震災から見える科学技術と教育の在り方―

森田　康夫

第一節　私の被災体験

1．私の被災体験

　私は 2011 年 3 月 11 日の午後に仙台市泉区のショッピング・センター 2 階の通路で東北地方太平洋沖地震に遭遇した。ショッピング・センターの建物は気味の悪い唸りを立てて長い間大きく揺れ、私は他の客と共に通路に膝をついて地震が終わるのを待った[1]。揺れが止まると周りの店のガラスが割れ、水が噴き出し、近くにいた客は店員の指導にしたがって建物の外へ避難した。私は乗って来た車をショッピング・センターの隣にある駐車場の 3 階に置いていたが、車は地震で 2 メートルほど動かされたが、幸い他の車と接触などはせずに済んだ。

　私はその日は泉区にあるホテルに泊まる予定だったが、予定を変更して、家族と自宅の安全を確認するため、車で太白区八木山にある自宅に向かうことにした。泉区から仙台中心部に向かう道路は、車が普通程度に走っていた。道路の交差点では地震で信号が消えて車が渋滞していたが、私はカンボジアで信号のない道路を車がどう走るかを見ていたので、短時間で研究室のある川内まで戻ることができた。しかし川内から八木山の自宅へ向かう道は仙台城址の石垣が崩れ竜口渓谷にかかる八木山橋が地震で通れないことが分かり、仙台城址から川内まで戻ったが、その途中で歩いて自宅に向かう妻に出会い、青葉台から八木山に至る裏道を車で通って、なんとか自宅に帰ることができた。

　自宅では食器が棚から落ち、壁紙が破れ、停電し断水しており、ガスも使えなかった。しかし、心配していたテレビやコンピューターに転倒や漏電などの被害はなかった。私の家では以前より自宅に食物や水を普

第一部

通の家より多めに備蓄していたので、取り敢えず、可能な範囲で食器の破片を片付け、食事を取り、ローソクを使って居間でその夜を過ごした。家族の安全は妻の携帯電話で確認できた。状況を把握するため私は車のラジオを聞いたが、よく分からなかった。

翌朝、八木山の東北放送まで行ってどうなっているかを聞いたところ、「テレビにはすごい被害が映っているが、未だ詳しい情報は入っていない」と言っていた。そこで東北放送の近くの公衆電話から東京にいる子供に電話を掛け、車で南仙台の量販店に行き、カセット・ラジオの電池を買った。その後川内キャンパスに行き、前の日に停めてあった妻の車を自宅まで運んだが、1年前に私の研究室があった川内合同棟は屋上にあったペントハウスがつぶれており、研究室のある国際文化研究科棟は建物に入ることができなかった。

状況が把握できたのは、3月13日の夜に電気が回復し、テレビが見られるようになり、ネットワークが使えるようになってからであった。今回の地震はマグニチュード9.0の巨大地震であり、東北地方の太平洋側を大津波が襲い、沿岸に甚大な被害を起こした[2]ことが分かったが、福島第一原子力発電所の事故については、テレビで枝野官房長官の話を聞いても正確なことは分からなかった[3]。しかしメールが使えるようになったので、東京や大阪の友人と連絡を取った。

八木山橋は3月20日まで通れず、私の車はガソリンに余裕がなかったので、妻の車で川内や町に行った。自宅の水道が復旧したのは地震から2週間後の3月25日で、私の車のガソリンが補給できたのは3月26日、自宅のガスが復旧したのは4月16日だった。そのため、川内キャンパスまで飲み水を貰いに行ったり、雪を樽で溶かしてトイレを流すのに使ったり、（ガスではなく）携帯用の電熱器で調理をしたりした。風呂については、作並温泉に行ったり名取市のスーパー銭湯に行ったりした。2011年4月7日のM7.2の余震では、せっかく並べなおした研究室の本棚や机の上のパソコンが、再び崩れ落ちた。東京まで新幹線で行けるようになったのは4月末で、私は4月になってから高速バスで東京に

2 回行ったが、東北高速道路には段差がありバスはかなり揺れた。

2. 私と宮城沖地震

　私は 1981 年に北海道大学から東北大学に赴任したが、赴任より少し前の 1978 年 6 月 12 日に宮城県沖を震源とする M7.4 の地震が起き、4,385 戸の住宅が全半壊し、ブロック塀の倒壊などで 28 名の死者が出た。そのため私は宮城県沖地震に注目してきた。宮城県沖地震は平均発生間隔約 38 年で繰り返すと言われていたので、2000 年を過ぎると次の宮城県沖地震が起きることを気にするようになった。2005 年 8 月 16 日に宮城県沖を震源とする M7.2 の地震が起きたときには、私は「これで厄払いが済んだ」と思ったが、地震の専門家は「想定されていた宮城県沖地震ではない」と言った。震災直前の 2011 年 3 月 9 日にも M7.3 の地震が起きたが、これも専門家は「想定されていた宮城県沖地震ではない」と言ったが、気象庁は後に「東北地方太平洋沖地震の前震であった」と認めた。

　私は東北大学大学院理学研究科において施設整備委員会の委員を長くしており、その委員会で地震のことを研究している委員から宮城県沖地震について聞いたことが少なくとも 2 回はあった。一回目は 2000 年過ぎに、「予測されている宮城県沖地震はどういうものか？」と私が聞いたとき、地震・噴火予知研究観測センターのある教授は「大したことはない（ひどい被害は出ない）」と答えた。2 回目は、東日本大震災の 2、3 年前に地学専攻の地震を研究している別の教授に、私が「宮城県沖地震が海溝寄り（宮城県はるか沖）の地震と連動した場合にはどうなるか」と聞いたことがあったが、今回起きた様な大地震が起きる可能性があるという話は聞かなかった。そのため、想定外の大震災に出会い、私は「一体何が起きたのか？」と感じ、東北地方太平洋沖地震とそれにより引き起こされた福島第一原子力発電所の事故について調べ、東北大学の 1 年生対象の私の講義「教育と科学技術」において解説した。以下の文は、その時の講義をもとにしている。

第一部

第二節　日本の地震学について

1. プレートテクトニクスと地震学

プレートテクトニクスは 1960 年代にできた地球科学の学説であり、地球の表面を覆う厚さ 100km 程度の岩盤（プレート）が、地球内部を対流する溶けた岩石（マントル）の流れにより動かされていると考え、プレートの動きにより地震や火山の噴火が起きると説明する。

プレートテクトニクスによれば、日本列島は東日本から北海道が載っていて北米大陸につながるプレート（**北米プレート**）と中部日本から西日本が載っていてアジア大陸につながるプレート（**ユーラシアプレート**）の 2 つに分かれる。さらに、日本列島の東では太平洋の海底をなすプレート（**太平洋プレート**）が北米プレートの下に沈み込んでおり、その沈み込みの現場が**日本海溝**であり、この沈み込みによるプレート間の摩擦により、日本海溝の近くの海底に震源を持つ大地震がおき、東日本の火山が作られていると説明する。また日本列島の南では、**フィリピン海プレート**と呼ばれる海のプレートがユーラシアプレートの下に沈み込んでおり、その沈み込みの現場が**南海トラフ**であり、このプレートの沈み込みによる摩擦により、南海トラフの近くの海底に震源を持つ大地震がおき、九州から富士山にかけての火山が作られていると説明する。

プレートテクトニクスによると、ほとんどの地震や火山の噴火はプレートの境界付近で起き、それ以外の土地では余り起きない[4]。したがって、地震研究は地震が頻発する国で研究が行われ、それ以外の国ではほとんど研究が行われていない。そのため日本は地震研究で世界の最先端を走っており、地震の揺れを記録する地震計のネットワークが設置されている。地震研究は巨額のお金が必要となり民間で研究を行うことが難しいため、どの国でも政府機関や大学で地震研究が行われており、米国のアメリカ地質調査所、日本の東京大学地震研究所、中国の中国地震局などが代表的な地震研究機関である。

日本では 1880 年に外国人研究者と日本人研究者により日本地震学会が作られ、地震研究が始まった。それ以降、地震研究者は地震観測所を

第一章　想定外

作り、日本で起きた大地震を研究し、地震に対する防災を考えてきた。1960 年代後半には、プレートテクトニクス理論により、大地震や火山の噴火がどの様な原理によって起きているかが説明された。さらに大地震の地震波を解析することにより、太平洋プレートやフィリピン海プレートが北米プレートやユーラシアプレートの下に沈み込んでいることが確かめられた [2]。これにより、海洋プレートが大陸プレートの下に沈み込んでいる日本海溝や南海トラフの様な場所では、海洋プレートの沈み込みにより大陸プレートが下に引き込まれ、それがある限度を超すと大陸プレートが急に跳ね返り大地震（**逆断層型地震**）と津波が起きる[5]ことが明らかになった。東日本大震災でもこの様なメカニズムで地震と津波が起きた。

　なお、1990 年頃から GPS を使ってプレートの動きを見る研究が始まり、プレートのひずみがどこにどの程度たまっているかを具体的に見ることができるようになった。最近は地震計と津波計が一体となった装置を海底に敷設して、海底ケーブルで接続し、リアルタイムに津波の情報を取得する計画が進んでおり、今までより早く正確な津波警報を出すことができるようになろうとしている。

　2.　東海地震と地震予知

　日本の地震研究で忘れることのできない出来事として、東海地震の予知を行おうとする動きがあった。

　地震被害の歴史を振り返ると、海溝で起きる大地震は繰り返し起きることが分かる。駿河湾内から四国沖に至る南海トラフのプレート境界では、過去 100 年から 150 年の間隔を置いて、東海地震・東南海地震・南海地震が連動したり短い期間を置いたりしながら起きている。最近では、1944 年 12 月に東南海地震が起き 1946 年 12 月に南海地震が起きたが、このときには東海地震は起きなかった。そのため東海地震の震源域は空白域となっており、日本地震学会は近く東海地震が起きるものと予想し、**前兆すべり**（プレート境界が地震発生前にゆっくり滑り始める現象）を

7

第一部

観測することで東海地震の予知を目指すことを提案した[6]。その結果、1969 年に地震予知連絡会（予知連）が発足し、政府から巨大な予算を獲得して地震予知研究を行うことになった。しかし予知連が発足して 50 年近く経ち、その間に兵庫県南部地震（阪神大震災、死者・行方不明者 6,437 人）や東北地方太平洋沖地震（東日本大震災、死者・行方不明者 18,451 人）が起きたが、東海地震はいまだに起きていない。また東北地方太平洋沖地震では、東海地震で観測しようとしている前兆すべりは観測されなかった。

　地震予知に関して東京大学で地震研究を行う Robert J. Geller 氏は、「地震が起きることを予知しようとしているが、科学的に完全ではなく、中止すべきだ」、「地震学者は知っていることと知らないことを明らかにすべきだ」と言っており [6]、最近は「東海地震が単独では起きることはない」といった説も出ている。学士院会員の上田誠也氏は、2011 年中央公論に掲載された地震予知研究の推進を訴える文の中で、次のように告白している [1]：

　　　まともな前兆探索はほとんど誰も行ってはいなかったのだ。しかし何十年も建前上は前兆現象検知努力をしてきたことになっていたので、今さらそれをしていなかったとは言えず、「前兆検知には成功しなかった。それは極めて困難であり誰にもできないだろうから、当分は諦めよう」ということになった。

3. 貞観津波の研究と東日本太平洋沖地震

　東北地方は日本海溝に面しており、マグニチュード 8 以上の海溝型大地震が頻発しているが、三陸地方は複雑な湾が連続するリアス式海岸であることもあり、甚大な津波被害が起きている。明治以降でも、1896 年の明治三陸地震に伴う津波で死者・行方不明者 21,959 人が、1933 年の昭和三陸地震に伴う津波で死者・行方不明者 3,064 名が出ており、1960 年のチリ地震に伴う津波でも死者・行方不明者 142 人が出ている[7]。

第一章　想定外

そのため三陸地方には、「津波が来たら、肉親には構わず、各自てんでんばらばらに逃げろ」という**津波てんでんこ**という伝承があった。

　この伝承に従って訓練を受けていた岩手県釜石市内の小中学生らは、東北地方太平洋沖地震の直後から教師の指示を待たずに避難を開始し、「津波が来るぞ」と周囲に知らせながら、保育園児のベビーカーを押し、お年寄りの手を引いて高台に向かって走り続け、全員無事に避難することができた（**釜石の奇跡**）。これ以外にも、三陸海岸で地震直後に津波から避難したという人がたくさんおり、私の東北大学の授業でもその様な体験をした学生がいた[8]。

　さて、東北地方では宮城県沖に震源を持つ地震（**宮城県沖地震**）が何回も起きている。地震学者は、過去 200 年余りの地震の記録を根拠として、「宮城県沖では M7.4 程度の地震が平均 38 年ごとに起き、海溝近くの地震と連動すると M8 近くにまでなるが、それ以上の大地震は起きない」と説明しており、東日本大震災の前には（私を含めて）世間ではその説明が信じられていた。

　しかし、東北大学大学院理学研究科の地質学者である箕浦幸治教授は、歴史書『日本三代実録』の記録をもとに、貞観 11 年（869 年）に起きた津波の痕跡についての論文を 1991 年に発表し、その後、津波研究者である東北大学の今村文彦教授と貞観地震のシミュレーションを行い、東北大学『まなびの杜』16 号（2001）で「津波災害は繰り返す」という警告を行っていた [5][9]。また東日本大震災の前の年には、古地震学を専門とする産業技術総合研究所の宍倉正展氏が仙台平野の津波遺跡を調査し、箕浦−今村と同様のシミュレーション結果を出し、文部科学省の地震調査研究推進本部に報告していた [3]。そのため、宍倉氏の研究結果を聞いた推進本部事務局の人が宮城県庁を訪ね、仙台平野を大津波が襲う可能性を伝えていたが、関係者の反応は鈍かったそうである。結局、東北大学をはじめとする地震の専門家は、同じ地学を研究する箕浦教授などの研究を取り上げず、日本の地震の専門家は今回の様な大津波が仙台や相馬を襲う可能性を世間に伝えなかった[10]。そのため、仙台平

第一部

野などで多くの住民が想定外の大津波に襲われ、死者・行方不明者が
18,451 人出た。

　なお、東北地方太平洋沖地震による金銭的被害については、内閣府防
災担当は建築物等約 10 兆 4 千億円、ライフライン施設約 1 兆 3 千億円、
社会基盤施設約 2 兆 2 千億円、農林水産関係約 1 兆 9 千億円、その他約
1 兆 1 千億円で総計約 16 兆 9 千億円と評価しており [8]、内閣府経済
財政分析担当は総計 16 兆円から 25 兆円と評価している。

　4. 東北地方太平洋沖地震への日本人の対応の評価
　東北地方太平洋沖地震では東北地方の太平洋沿岸に津波により甚大な
被害を受けたが、復興はほぼ最終段階になっている。
　今から考えると、地震学者は地質学者の発見した貞観津波の知見を真
剣に検討すべきだったが、「宮城県沖のプレート境界は余りエネルギー
をため込まない」と誤解し、地質学者の警告を無視してしまった。日本
人は自分の近くの狭い範囲に閉じこもる傾向があるが、今後は、より広
い分野に注意を払うべきである。
　三陸海岸での住民被害は、過去の津波にもかかわらず海沿いに住むこ
とを選んだ結果でもあり、ある程度はやむを得ない。むしろ、津波への
訓練により、被害を少なくできたと評価できる。福島県から仙台平野で
の被害も、数百年前に町を建設した当時の津波への配慮により、被害を
小さくできた様である。その結果、2004 年に起きたスマトラ沖の地震
と比べると、地震の規模はほぼ同じであったが、死者・行方不明者の数
は 10 分の一程度に抑えることができた[11]。しかし、平野部でも津波に襲
われた歴史があることが周知されていれば、津波による人的被害をより
小さくできたと思われる[12]。
　これだけ大きな災害があると、治安が乱れる国もあるが、今回の震災
では避難した家に空き巣が入ることはあった様だが、治安が保たれ略奪
などは起きなかった[13]。また震災からの復興期にも、政府だけではなく、
被災しなかった国民が募金やボランティア活動で被災者をサポートし

10

第一章　想定外

て、国民が一体となって復興に当たった。このことには、日本が島国で単一民族からなることや、肉親や自宅が津波で流された被災者の苦しみがテレビなどで紹介され、他人から見えやすかったことが関係している様に思われる。

しかし、被災地の住民は「国が自分達を援助するのは当然だ」と考えて、他の国民への感謝を忘れている様に見えることもあった。例えば、宮城県の漁業組合は「国は自分達が今まで通りに漁業を再開できる様にするのが当然である」と主張し、宮城県知事による合理化案を拒否した。仮設住宅についても、遠すぎるなどと文句を言っている人がいた。仙台に住んでいて復興予算を贅沢に使っている様子を見ていると、今回の復興支援は過大であったのではないかとも思われる（齊藤誠、震災復興の政治経済学［14］参照）。

なお日本では、南海トラフの大地震や東京直下地震などが近い将来に起きることが予想されている。これらの地震に対して、どの様にすれば被害を小さくできるかを真剣に検討し、ハードとソフトの両面の対策を早期に実施する必要がある[14]。日本政府は東北太平洋沖地震からの復興に熱心に取り組んでいるが、南海トラフ地震や東京直下地震の対策にも同様に真剣に取り組むべきである[15]。

前に書いた様に、地震研究は短期間で「何月何日にどこで地震が起きる」と予測できる様なレベルにはない。原理的にも、地震は破壊現象であり、いつどのような形で破壊が起きるかを正確に予測するのは難しいと思われる。しかし、物に力を加えた場合には、「そろそろ壊れるだろう」といった予測は可能である。したがって、「そろそろ地震がこのあたりで起きそうだ」といった予測が将来できるようになる可能性はある。そのためには、プレート境界の状態や断層の状態についてもっと知見を増やす必要があるが、東日本大震災では GPS のデータによるひずみの蓄積などの現象が見つかっている。また、津波堆積物を使った過去の大地震の研究も進んでおり、大地震がどの様な周期で起きるかについても分かってきている。しかし私達が使える人的・経済的資源には限界があ

11

第一部

り、地震についての他の研究の進展と費用対効果を考えながら、地震予知については研究を進めるのが良いと思われる。

第三節　福島第一原子力発電所の事故について

　東北地方太平洋沖地震への対応は、貞観地震から得られた知見の生かし方に問題はあったが、概ねうまくできた。しかしこの地震により引き起こされた福島第一原子力発電所の事故については、重大な過失が幾つも見受けられた。

　1.　日本への原子力発電の導入と安全神話

　原子力は第二次大戦中に兵器としての使用を目指して研究され、その後、戦勝国で発電への応用が始まった。これに対して日本では、欧米の国が原子力を使った発電を始めたのを見て、正力松太郎元読売新聞社主や中曽根康弘元首相などの政治家が主導して原子力発電の日本への導入が計られた。当時世界では核兵器の拡散が心配されていたが、中曽根氏らは同盟国である米国を「日本は原子力を民生目的に限って使う」ことを条件に説得し、米国製の原子力発電機を日本に導入することを決めた[16]。しかし、広島や長崎での原爆被害もあり、日本では原子力へのアレルギーが強かったため、導入賛成派の政治家や経済人は読売新聞などと協力して、「原子力発電所は最高の科学技術を使って作られるので安全である」と主張して、原発反対派を押さえ込んだ。また核廃棄物の再処理や最終処理にかかる費用を無視して費用を計算し、「原子力発電は他の発電より安い」とのキャンペーンを行って国民の意見を誘導し、さらに原子力発電所を受け入れた地域に巨額の補助金を出す仕組みを作り[17]、日本での原子力発電を普及させた。

　原子力発電を導入したい人と原子力に強く反対する人たちの間の激しい対立の中で原子力発電の導入が議論されたため、安全性に対する客観的で冷静な議論や検討は進まず、そこに原子力発電に対する安全神話が生まれた原因がある。激しい論争が行われている中で原子力への疑問や

改善案を口にすると原発反対派であると見なされる可能性があるため、原子力に詳しい専門家は改善案を提案することができず、その結果、原子力発電所の事故対策が進まなかったのだと思われる。今から顧みれば、研究者による基礎研究なしに米国製の原子力発電機が導入されたため、関係者の原子力発電についての認識や知識が不十分であったのではないかと反省される。

  2. 福島第一原子力発電所の事故以前の原子力発電
  福島第一原子力発電所の事故が起きた 2011 年には、日本には北海道電力の泊、東北電力の東通と女川、東京電力の福島第一・福島第二・柏崎刈羽、中部電力の浜岡、北陸電力の志賀、関西電力の美浜・大飯・高浜、中国電力の島根、四国電力の伊方、九州電力玄海と川内、日本原子力発電の東海第二と敦賀の 17 の原子力発電所に合計 54 基の軽水炉[18] があり、日本の電力の約 30% を原子力で発電していた[19]。これらのうち東北電力・東京電力・中部電力・北陸電力・中国電力の原子力発電所では日立と東芝の沸騰水型原子炉を使っており、北海道電力・関西電力・四国電力・九州電力の原子力発電所では三菱重工の加圧水型原子炉を使っており、日本原子力発電では双方を使っていたが[20]、その他に日本原子力研究開発機構の高速増殖炉もんじゅがあった。
  このうち事故を起こした福島第一原子力発電所には、6 機の原子炉があったが、1 号機は国産化率 56% の GE 製の出力 46.0 万 Kw の原子炉であり、1967 年に着工し、1971 年に営業運転を開始した。日本の原子力発電機では 1 号機はごく初期に建設され、事故当時に 40 年を経過していた。2 号機は GE・東芝製で、出力は 78.4 万 kw の原子炉であり、1974 年に運転を開始した。3 号機は東芝製の出力 78.4 万 kw の原子炉であり、1976 年に運転を開始し、2010 年 9 月より再処理したプルトニウムを混ぜた燃料（MOX 燃料）を使っていた。4 号機は日立製の出力 78.4 万 kw の原子炉で、1978 年から運転していた。5 号機は東芝製の出力 78.4 万 kw の原子炉で、1978 年から運転しており、6 号機は GE・東芝の 110.0 万

第一部

kw の原子炉で、1979 年から運転していた。これらを合わせると、福島
第一原子力発電所の 6 機の発電能力は 464.2 万 Kw であった。ちなみに
東京電力の他の原子力発電機としては、福島第二原子力発電所に 4 基の
原子炉（発電能力 440 万 Kw）があり、柏崎刈羽原子力発電所には 7 基
の原子炉（発電能力 821.2 万 Kw）があり、2008 年には東京電力は約 23
％の電気を原子力発電で作っていた。

　3．福島第一原子力発電所の事故の推移
　福島第一原子力発電所の事故は、以下の様に推移した。
◆2011 年 3 月 11 日
　福島第一原子力発電所では、1〜3 号機が通常運転中であったが、4〜
6 号機は定期点検中で原子炉は停止していた。しかし 4 号機建屋内の
プールには、原子炉から取り出して間もない冷却を要する燃料棒が貯蔵
してあった。5 号機と 6 号機は運転を停止していたが、炉内には燃料が
入っていた。
　14 時 46 分に東北地方太平洋沖地震が起き、運転中の 1〜3 号機は自
動停止した。地震により外部電源が失われたため、非常用ディーゼル発
電機が起動した。
　15 時 35 分頃、波高 10 数メートルの津波第二波が福島第一原子力発
電所に到達し、1 号機から 4 号機のタービン建屋内のディーゼル発電
機・バッテリー・配電盤などが水につかり、全電源が失われた。しかし
少し離れた場所にあった 5 号機と 6 号機については、6 号機のディーゼ
ル発電機 1 台と配電盤が生き残り、6 号機の電気を 5 号機に融通できた
ため、電源喪失には至らなかった。
　15 時 42 分に、東京電力は原子力災害対策特別措置法に基づき政府に
通報を行った。この時点で、1 号機は冷却装置 IC（非常用復水器）の弁
が閉じていて冷却機能が失われていたが、2 号機と 3 号機は冷却装置
RCIC（非常用原子炉隔離時冷却系）が作動し、原子炉は冷却されてい
た。しかし原子炉の冷却状態に疑問が持たれたため、17 時頃から消防

車による原子炉への注水の検討を始めた。

23 時 50 分頃、1 号機の格納容器の圧力が高いことが分かり、建屋の放射線レベルも上がり、IC が働いていないことが明らかになった。そこで格納容器の破壊を防ぐため、ベント（格納容器の蒸気の外部への放出）の準備を始めた。なお、1 号機の炉心損傷は 20 時頃には始まっていたと推定されている。

この間政府は、19 時 03 分に枝野幸男官房長官が記者会見で原子力緊急事態宣言の発令を発表し、20 時 50 分に福島県対策本部が半径 2km の住民に避難指示を出した。また、21 時 23 分には菅直人内閣総理大臣が半径 3km 以内の住民に避難命令を出し、半径 3km から 10km 圏内の住民に屋内退避の指示を出した。

◆3 月 12 日

11 時 36 分頃に 3 号機の冷却装置 RCIC が停止し、12 時 35 分頃に別の冷却装置である HPCI（高圧注水系）が起動した。

14 時 30 分、1 号機のベントに成功し、格納容器の破損は免れた。

15 時 36 分、1 号機の原子炉建屋で水素ガスが爆発し、そのため 2 号機と 3 号機の炉心に注水する準備が妨げられた。

19 時 4 分頃、1 号機への消火ポンプによる海水注入が始まった。

◆3 月 13 日

2 時 42 分、3 号機の冷却装置 HPIC が停止した。そのため、4 時 15 分頃に 3 号機の燃料棒が露出して炉心損傷が始まり、発電所内で高い放射線が計測された。

9 時 20 分、車のバッテリーを使って 3 号機の SR 弁（圧力逃し弁）を開き、3 号機のベントに成功した。炉内の圧力が下がったことで、消防車による海水注水も可能となった。

◆3 月 14 日

11 時 1 分、3 号機建屋で心配されていた水素爆発が起こり、2 号機のベントの準備はやり直しとなった。

13 時 25 分、2 号機の冷却装置 RCIC が停止し、2 号機は炉心損傷に

第一部

向かった。

19時3分頃、2号機のSR弁を開くことに成功し、海水注水が開始された。しかし、炉内の圧力が消防車の注水能力より高く、ほとんど注水できなかった。

◆3月15日

6時14分、3号機から出た水素により、大量の使用済み燃料を保管していた4号機の原子炉建屋で水素爆発が起きた。しかし4号機の使用済み燃料を保管していたプールは大きな被害を受けなかった。また後に分かったことだが、使用済み燃料プールは、隣にあった大きなプールから水が流れ込んでいたため、水温は余り上昇していなかった。

2号機が大事故となる危険が増加しているため、発電所対策本部は7時頃に50人程度を残して、人員を福島第二原子力発電所に避難させた。この頃が危機のピークであり、内閣官房参与であった田坂広志は、「最悪の場合には、首都圏の3,000万人が避難を余儀なくされる可能性があった」と言っている[21]。

2号機の圧力は7時20分から11時25分の間に急落し、この間に格納容器が損傷したものと思われている。9時頃には正門付近で、これまでで最高の時間当たり11.93ミリシーベルトのガンマ線を検出している。東京電力は、11時25分頃2号機の状態が安定していることを見て、福島第二原子力発電所に避難していた人員を復帰させた。

これ以降、原子炉の格納容器への海水注入や、コンクリートポンプ車による使用済み燃料プールへの放水などにより、福島第一原子力発電所の原子炉の状態は徐々に安定に向かった。そのため、事故対策の重点は炉心冷却により汚染された水による海水の放射能汚染に移って行った。なお、政府が福島第一原子力発電所の**冷温停止**を発表したのは、2011年12月16日である。

4. 現場での事故対応の評価

福島第一原子力発電所の事故対応で最も問題だったのは、福島第一原

16

子力発電所の職員が GE 製の 1 号機の構造を良く理解せず、1 号機の冷却装置 IC（非常用復水器）を事前に使った経験がなかったことである。そのため、交流電源喪失により IC の弁が閉じて IC が機能していないことを認識するまでに数時間を要し、消防車による注水に取り掛かるのがそれだけ遅れる結果となった。これ以外でも、東京電力の原子力発電所に関連する仕事をしている人達は、自分達が管理している原子力発電機の構造や使い方を十分には知らなかった。

　また、2 号機や 3 号機の SR 弁（圧力逃し弁）を開くために必要なバッテリーやコンプレッサーの確保に長い時間がかかっている。早期に外部に協力を依頼すれば、これらの資材は 12 日中には入手できたはずである。その他でも、3 号機建屋は、水素爆発の可能性を認識していたにもかかわらず、爆発を阻止することができなかった。これらの失敗がなければ、1 号機の事故が軽微なもので済み、2 号機と 3 号機の事故は回避できた可能性があった。

　しかし、吉田昌郎所長をはじめ現場で働いていた人は、事故に対する準備が不十分な状態で、事故の拡大を防ぐため真摯に努力したことも事実であり、「あれだけ厳しい条件下で、よくこれだけで済ませるために努力した」と褒めるべきかもしれない。経済産業省安全・保安院や東京電力本店が現場の事故対応へのサポートや有益な助言ができない中で、彼らはできることを行い、「関東平野の広い範囲が福島の様に汚染されることを防いだ」と言えるかも知れない。

5.　想定外の津波と福島第一発電所の事故の関連
　東京電力は、「福島第一原子力発電所の事故は**想定外の津波**により起きた」と言い訳をしている。しかしこのことを正確な表現にすると、「福島第一原子力発電所の事故は、東京電力が想定しなかった津波により起きた」ということになる。東京電力が津波を想定しなかったのは、東京電力が自分の判断で決めたことであり、東京電力の事故責任を許容するための免罪符とはならない。

第一部

　貞観地震の様な大地震が起きる可能性があることは、一般の日本国民にはあまり知られていなかったかもしれない。しかし、内閣府地震調査研究推進本部は2002年に「明治三陸津波と同様の地震は、三陸沖北部から房総沖の海溝よりの領域内のどこでも発生する可能性がある」という知見を発表しており、原子力委員会の耐震安全性に関する指針の改定を受け、2007年に原子力安全・保安院は東京電力に津波評価を含む耐震評価の再検討を求め、東京電力は津波について検討を行った。その結果、貞観地震に関する津波シミュレーションの論文を読んで津波の高さを計算し、9mを超える高さの津波が福島第一原子力発電所に押し寄せる可能性を認識した。しかし東京電力は「緊急性はない」と考え、津波に対する対策を何も取らなかった。

　この時に東京電力が福島第一原子力発電所に津波が押し寄せる可能性を真剣に検討すれば、タービン建屋内にある非常用ディーゼル発電機や配電盤が水没すれば全電源喪失につながり、深刻な事態に陥る可能性があることが認識できたはずである。これが福島第一原子力発電所で深刻な事故が生じたかどうかの分岐点であり、対策を取っていれば事故は生じなかった[22]。私は東京電力のこの判断ミスと、それを見過ごした原子力安全・保安院の監督ミスは、厳しく追及されて然るべきだと考えている。

　私達人間は起こるかどうかはっきりしない危険性を、「他の人には起こるかもしれないが、自分の場合には起きないだろう」と考える傾向がある。また、日本人は面倒なことを先送りして、自然に解消されることを期待する傾向がある。しかし、原子力発電所の事故などの様な広大で深刻な被害を起こす危険性に関しては、その様な態度はとるべきではない。少なくとも、原子力発電所の近くに住み、今回の様な被害を受ける可能性がある住民は、その様な安易な態度は容認できないであろう。

　福島第一原子力発電所の事故は、政府・国会・民間の3つの事故調査委員会で検討され、原子力発電は本当に経済的か[23]、事故が起きた場合の責任を誰がどの様に取るべきか、組織の縦割りによる弊害[24]を改善す

18

る、住民を適切な方法で避難させ、必要に応じてヨウ素剤を服用させるなど、多くの検討課題や修正すべき点が指摘されている[25]。しかし政府は事故前と同様に安全神話を主張し[26]、どの程度の確率で深刻な事故（シビアアクシデント）が起きると想定しているかを明らかにせず、対策の先送りを続けている様に見える。これらの問題点をどう改善するかは、次に原子力発電所の事故が起きた場合[27]の被害の大きさに直結することであり、至急改善策を検討して実施すべきである。

　6.　放射線による健康被害について
　放射線が人体に当たると、当たった組織の電子が跳ね飛ばされて電離し、人体の組織が損傷を受ける。体の組織の損傷の程度が大きい場合には、急性障害が起きる。弱い放射線が人体の組織に当たった場合でも、線量に応じて DNA が傷つけられるが、DNA の修復過程で不完全修復が起きることがあり、不完全修復が原因でがんなどになることがある。この様に、放射線による人体への健康面での影響には放射線量が高い場合に起きる確定的な影響と、放射線量が低い場合に起きる確率的な影響の 2 種類がある。
　確定的影響は、一定以上の線量（**閾値**以上の線量）を被爆した場合に人体の組織を構成する細胞が多数死んだり変性したりすることで起こる症状であり、数週間以内に皮膚障害を起こしたり、造血能低下により血球の数が減ったりすることがある（**急性放射線障害**）。また被爆して数か月以降に、妊娠中の胎児に奇形などの影響が出たり（**胎児発生障害**）、貧血を起こしたり、水晶体が混濁したりすることもある（**晩発障害**）。
　低い線量でも線量に応じて DNA が傷つくので、（線量が低いと障害が起きる確率は低くなるが、）がんや白血病や遺伝的障害が起きる可能性があり、これ以下の線量なら大丈夫だという閾値はないと考えられており、必要のない放射線被爆はできる限り避けるべきだと考えられている。
　放射性物質が 1 秒間に崩壊する個数を表す単位が**ベクレル**（Bq）で

第一部

あり、放射線によって人体に与えられたエネルギーを表す単位を**グレイ**（Gy）と言う。人体が受けた放射線の影響は、受けた放射線の種類と組織によって異なるため、被爆した放射線のエネルギーの値に、放射線の種類と対象組織により定められた係数を乗じて、放射線の人体への影響を計る。その単位が**シーベルト**（Sv）である。実際の放射線の影響を議論する場合には、シーベルトでは大きすぎるので、1000分の1シーベルトである1ミリシーベルト（mSv）や百万分の1シーベルトである1マイクロシーベルト（μSv）を使う。

　時間（/h）当たりと年当たり（/y）の放射能の影響を比較するときは、$1\mu Sv/h = (24 \times 365)\mu Sv/y = 8.76mSv/y$、$1mSv/y = (1/8.76)\mu Sv/h = 0.114\mu Sv/h$ で比較できる。例えば、郡山市の2012年4月1日の放射線量は、0.41μSv/h $= 0.41 \times 8.76mSv/y = 3.6mSv/y$ 位である[28]。

　広島や長崎での被爆者の調査から、放射線被曝による致死量は数Svであると考えられており、実際1999年に起きた東海村臨界事故では、2人が各々約20Svと6～10Svの中性子線を浴び、集中治療室で造血幹細胞の移植などを行ったが、被爆後83日後と211日後に死亡した[22]。

　これに対して、低線量の放射線被曝の影響は良く分からない部分がある。その理由には、地球上に住む人は平均で1年に2.4mSvの自然界にある放射能（**自然放射能**）を浴びていることや、人間は放射線被曝をしなくてもがんになることがある他に、各個人が被曝した放射線量を正確に推定することが難しいことがある。しかし、広島・長崎・チェルノブイリでの被爆の調査などにより、100mSv以上の放射線を浴びた場合には、確率的に健康被害が生じることが科学的に証明されている[29]。また、低線量被爆による確率的被害には、これ以下なら大丈夫であるという閾値は無いと考えられており、そのため国際放射線防護委員会（ICRP）[30]は、一般人が1年間に受けても良い人工放射線の限度を1mSvとすることを勧告している。しかし診察や治療など自分の医療を目的とする被爆[31]は、この勧告値1mSvからは除外される[10][28][29][30]。

第一章　想定外

7.　原子炉の燃料と放射性廃棄物

　原子核には、水素・酸素・炭素などの安定した原子核と、プルトニウムの様な不安定で放射線を出す原子核がある。同種の不安定な原子核が多数あるとき、その半分が他の原子核に変わる時間を**半減期**という。

　天然ウランには、**ウラン 235** と **ウラン 238** の 2 種類の同位体がある。このうちウラン 235 に中性子が当たると、半分程度の質量をもつ二つの原子核と幾つかの中性子に分裂する。ウラン 238 に中性子が当たるとプルトニウム 239 になるが、**プルトニウム 239** にさらに中性子が当たると核が 2 つに分裂をするか、（放っておいても核分裂をする）プルトニウム 240 となる。自然界にある天然ウランは、ほとんどが核分裂をしないウラン 238 であり、核分裂をするウラン 235 は 0.3% 程度しか含まれていない。原子力発電を行う場合には、遠心分離機などを使ってウラン 235 が 3%～5% 程度になるまで濃縮したものを燃料として使うが、プルトニウム 239 を混ぜて使うこともある。

　ウラン 235 とウラン 238 の半減期は各々 7.04×10^8 年と 4.47×10^9 年であり、弱い放射線しか出さない。これに対して、プルトニウム 239 の半減期は 2.41×10^4 年で強い放射線を長く出し続けるので、原子炉で燃やした後の燃料からウラン 235 やプルトニウム 239 を取り出す再処理や、ウランにプルトニウムを混ぜた燃料（MOX 燃料）を作るのには、高度な技術がいる[32]。

　使用済み核燃料には、ウラン 235・プルトニウム 239・プルトニウム 240 などが核分裂してできる色々な放射性物質が含まれるが、原子炉を燃やし続けているうちに半減期が短いものは他の物質に変わり、半減期が長く、取り扱いが難しい放射性物質が溜まってゆく。そのため、核爆弾の爆発で生じる放射性物質より、原子炉から出る放射性物質の方が人体にとって危険である。

　使用済み核燃料には、燃え残りのウランやプルトニウムなどをはじめとする原子番号が大きい物質の他、キセノン・ヨウ素・セシウム・ストロンチウム・モリブデン・パラジウムなどの核分裂してできる物質が含

第一部

まれている。原子炉が大爆発した時にはこれらすべての物質が外部に放出されるが、福島第一原子力発電所の事故の様なベントや炉心溶融などで外部に放出される物質は、キセノン133（半減期5.25日）・ヨウ素131（半減期8.02日）・セシウム134（半減期2.07年）・セシウム137（半減期30.1年）などの気化しやすい物質がほとんどとなる。

8. 福島第一原子力発電所の事故により放出された放射性物質について

福島第一原子力発電所の事故では、チェルノブイリ発電所の事故の約10分の1のヨウ素131と、チェルノブイリの数分の1のセシウム134と137が外部に漏れた。福島第一原子力発電所の事故の直後には、半減期の短いキセノン133やヨウ素131が大量に放出され放射線を出したと思われるが、これらは半減期が短いので5月にはほぼ検出できなくなった[33]。そのため、5月以降はセシウム汚染が主たる問題となった。

福島第一原子力発電所の事故で放出された主な放射性物質は、下表の通りであった（放出量については荒木力氏の著書［10］より引用）。

核種	^{133}Xe	^{131}I	^{134}Cs	^{137}Cs	^{90}Sr	^{239}Pu
半減期	5.25 日	8.02 日	2.07 年	30.1 年	28.9 年	2.41 万
沸点（℃）	−108	184.5	670	670	1384	3228
放射能 （Bq）	1.1×10^{19}	1.6×10^{17}	1.8×10^{16}	1.5×10^{16}	1.4×10^{14}	3.2×10^{9}

この表にある様に、福島第一原子力発電所の事故で外部に放出されたセシウムの放射能は、セシウム134が1.8×10^{16}ベクレルでセシウム137が1.5×10^{16}ベクレルである。他方、セシウム134とセシウム137が出すガンマ線のエネルギー比は1ベクレルあたりで約2.7：1である[34]から、事故当時にはセシウム134とセシウム137から出る空間放射能は3.04：1位であった。セシウム134とセシウム137の半減期は、2.06年と30.1年であるから、福島第一原子力発電所の事故によるセシウムの放射能は、n年後には現在と比べおおよそ

$$(3.04/4.04) \times 2^{-(n/2.07)} + (1/4.04) \times 2^{-(n/30.1)} = 0.752 \times 2^{-(n/2.07)} + 0.248 \times 2^{-(n/30.1)}$$

倍となる。したがって、事故後数年後まではセシウム 134 の半減期 2.07 年が効いて急速に減衰する（2011 年 5 月に比べ 1 年後に約 78％、3 年後に約 51％、6 年後に約 32％ になる）が、その後はセシウム 137 の半減期 30.1 年が効いてゆっくり減衰する（10 年後に約 22％、30 年後に約 12％、90 年後に約 3.1％ になる）。

2017 年 4 月では、この様な自然減衰効果により福島県の放射能は 2012 年 4 月の約 41％ になり、その他に除染や雨による効果でさらに弱くなっている（福島県ホームページ「ふくしまの環境放射線のいま」参照）。その結果、2017 年 1 月には、福島県の中通り（福島市・郡山市など）や福島県の浜通りでも事故現場に近くない相馬市やいわき市では 0.2 μSb/h＝1.75mSb/y 以下となり、自然放射能より弱くなっている。その結果、現在事故による空間放射能が自然放射能より高い場所は、福島第一原子力発電所のある双葉郡（富岡町・大熊町・双葉町・浪江町など）から飯舘村にかけての一部の地域に限られる。

ヨウ素 131 が人体に入ると甲状腺に集まり、内部被爆を起こす傾向がある。そのため、事故当時チェルノブイリ近辺に住んでいた人の中から、甲状腺がんになる人が多数出た[35]。この様なことがあったので、日本政府は甲状腺がんの発生を減らすことができるヨウ素剤を準備していたにもかかわらず、住民に服用することを指示しなかったため、福島第一原子力発電所の近くに住んでいた住民のほとんどはヨウ素剤を飲まなかった[36]。そのため、チェルノブイリと同様に、今回の事故でも甲状腺がんにかかる人が出ることを心配する意見がある。しかし、チェルノブイリの住民に比べ、福島の事故での被爆量は少ないため、統計的に有意な数の甲状腺がん患者は出ないだろうという意見もある[37]。

セシウムはカリと同じアルカリ金属であり、体内では腎臓・心臓・肝臓などを経由して筋肉に集まるが、成人の人体では半減期 70 日から 90 日（若い人はもっと短い）で体外に排出される。セシウムの放射能の健康への影響については、チェルノブイリでも科学的に証明できていない[38]ので、それより放出量が少ない福島の事故では、セシウムの健康への影

第一部

響は証明できないものと思われる。

9. 福島第一原子力発電所の事故での避難

福島第一原子力発電所の事故により、3月11日の夜に発電所の半径3km以内に住む住民に国から避難指示が出され、3月12日の夕方には半径20km以内に住む住民に避難指示が出された。多くの住民は政府の指示に従って避難をしたが、着の身着のまま避難し、そのまま避難が長期化した。また、「避難せよ」との命令は伝わったが、放射能汚染と避難場所についての情報が伝わらなかったため、複数回の避難を余儀なくされた住民も多かった。そのため避難により健康を崩した住民が多数生じ、例えば、大熊町の双葉病院では自主避難できなかった患者146人が14日〜15日に自衛隊により搬送されたが、21人が搬送中や搬送後に死亡した。福島第一原子力発電所の事故で亡くなった人はほとんどいなかった[39]が、東京新聞によると、関連死した人は2016年現在で1,300人を超えている。

政府の対応は4月になると長期避難に備えたものに変わってゆき、4月22日には半径20km圏内を災害対策基本法に基づく警戒区域に設定し、民間人の立ち入りを禁止した。また、警戒区域外の浪江町と葛尾村の全域、飯舘村の全域、川俣町と南相馬市の一部が「計画的避難区域」に指定された。政府はさらに警戒区域や計画的避難区域外でも局地的に放射線量の高い地点があるとして、事故発生後1年の推定積算放射線量20mSvを目安にして、「特定避難勧奨地点」を設定した。また、同年12月には地域指定を見直し、帰還困難区域、居住制限区域、避難指示解除準備区域などの指定が行われた。

福島第一原子力発電所の事故で避難命令に従って避難した人は11万人を超える[40]が、その他に約3〜5万人が南相馬市・いわき市・福島市・郡山市・伊達市などから自主避難をした。避難した住民の警戒区域内への一時帰宅は2011年5月10日から始まり、原子力発電所から3km以内への一時帰宅は8月26日から実施されたが、帰還困難区域にはいつ

帰還できるかは見通しが立っていない[41]。

10. 除染[42] について

　事故で生じた放射性物質については、個人が受ける追加被ばく線量が年間 1mSv 以下にすることを目指したが、「除染で出てきた廃棄物をどうするのか」の見通しなしに、大規模な除染を行うことが決められた[43]。

　福島県内の除染土壌などの発生量は、減容化（焼却）後に約 1,600 万 m³〜2,200 万 m³ と見込まれており、30 年間程度福島第一原子力発電所の近くに作る中間貯蔵施設で保管することが決まっている。しかし「その後県外で最終処分する」と政府は言っているが、最終処分を行う場所は決まっていない。

　福島以外の県での除染廃棄物は福島県に比べ遙かに少なく、各県で最終処分場を作って処理することが決まっているが、どの県でも風評被害を恐れる意見が出て行き詰まっている。例えば、宮城県では風評被害を恐れる加美町などの反対で指定廃棄物の最終処分場作りが行き詰まっており、放射性廃棄物の再検討会議では栗原市などから汚染牧草などの堆肥化や田畑への鋤き込みの話が出ている。セシウムはカリと似ていることを考えると、（放射性物質の量が少なければ堆肥化しても危険性が小さいことは当然であるが、）堆肥化して肥料として使ったりするより最終処分場で管理する方が遙かに安全かつ合理的である[44]。「放射性物質はなぜ危険か」、また「除染とは何か」について再考すべきである。

11. 放射線被爆に関する誤解と風評被害について

　放射線被爆に関しては不必要に心配する人が多いが、逆に、不必要に強気の意見を述べる人もいる。例えば、保守の論客として知られる S 氏は福島県であった双葉郡の議員研修会で講演し、「年 1 ミリシーベルトの除染基準は古里再生のために緩和すべきだ」、「国連科学委員会や国際放射線防護委員会は 100 ミリシーベルト以下の影響に有意性はないと結論付けている」、「大人は年 20 ミリシーベルト、子どもも 10 ミリシー

第一部

ベルトまでは大丈夫と国の責任で言わなければならない」と述べている。しかし、国際放射線防護委員会などは「100ミリシーベルト以上の放射線を浴びると悪影響が出ることが証明されているが、100ミリシーベルト以下で影響が出ることは証明されていない」と言っているのであって、「100ミリシーベルト以下なら影響がない」とは言っていない。100ミリシーベルト以下でも、線量に比例して被爆者にがんが生じると考える専門家が多い。また毎年20ミリシーベルトを浴びると、5年で被爆積算放射線量は100ミリシーベルトになるが、この様な誤解をする人は希ではない。

　放射線に対する過剰反応や被災者が困った事例は幾らでもあるが、もっとも有名なのは京都市で「被災者が思いを託し、心の整理がつくのなら」として計画された、五山の送り火で津波に襲われた陸前高田市の松を護摩木として使う計画が、「灰が飛んで（飲料水として使っている）琵琶湖の水が汚染される」などの意見が出て取りやめになったことである。

　その他にも文部科学省や宮城県などによると、次の様な例があった。

（ⅰ）製造業について：福島県で製造された織物や、婦人服や、食品・飲料関連の包装フィルムの取引が拒否された。

（ⅱ）運送業について：福島県の貨物をトラック業者が受け取り拒否をした。福島県いわき市の運送会社では、「放射能の問題があるので、いわきナンバーで来ないでほしい」という取引先の依頼を断れず、東京都や埼玉県でトラックを借りて荷物を積み替えた。

（ⅲ）不要な測定や証明書の要求：宮城県の企業が取引先から（屋内で作っている安全な）工業製品の残留放射能の測定を求められた。また、福島県で印刷を行う場合、安全証明の提出を顧客から求められた。

（ⅳ）避難者へのいじめ：福島県南相馬市の男子児童は、千葉県内の小学校への転入手時に教師から「福島県から来たことを隠しますか」と聞かれ、母親が「隠さなくていい」と答えたところ、児童の席は教卓

の前で左右は空席になっていた。また、福島県から横浜市に自主避難した中学1年の男子生徒は「菌」と呼ばれたり、「賠償金があるだろう」とお金を要求されたりするいじめを受け、不登校になった。

　関谷直也氏によると、「風評被害とは、ある社会問題（事件・事故・環境汚染・災害・不況）が報道されることによって、本来「安全」とされるもの（食品・商品・土地・企業）を人々が危険視し、消費、観光、取引をやめることなどによって引き起こされる経済的被害」であり、安全にもかかわらず売れない現象が風評被害であるとされるが、多少の危険性がある場合にも「風評被害」という言葉を使う場合が多い。例えば、風評被害の例は文部科学省の検討会の資料「いわゆる風評被害の事例」に列挙されており、宮城県でも「東京電力株式会社原子力発電所事故に伴う宮城県の風評被害の現状と調査結果について」という文書を作っているが、そこではある程度避けられてもやむを得ないと思われるもの（農林水産業・食品製造業・観光業など）[45] が例として並んでいる。

　韓国政府は2013年9月から国民の不安を理由として、福島第一原子力発電所に近い8県（青森・岩手・宮城・福島・茨城・栃木・群馬・千葉）で漁獲された水産物全体を輸入禁止にしている。これに対して日本政府は「科学的根拠に欠ける」として早期の規制撤廃を求め世界貿易機関（WTO）に提訴し、WTOのパネルで検討が行われている。この件は、日本の主張が正しいと思われるが、日本国内でも購入を控える人があり、「全く根拠がない」とは言えない。ちなみに、同様で逆の立場の例としては、日本政府がBSE（牛海綿状脳症）発生国からの牛肉の輸入を禁止したことがあり、米国の抗議を受け、30月齢以下の牛であることや、特定危険部位を除去すること等の条件の下で輸入を再開している。

　この様な問題については、政府間の問題としては科学的知見に基づき解決すべきであり、政府は国民には科学的かつ論理的に分かりやすく説明し、科学的知見の尊重を国民に訴えるべきである。しかし、どれ位小さな危険性まで回避をすべきかは個人の生き方の問題であり、個人の責

第一部

任で行う限り、政府や世論などが判断を強制することはできない[46]。

12. 福島第一原子力発電所の事故についてのまとめ

東北地方太平洋沖地震による被害への対応に比べ、福島第一原子力発電所の事故への東京電力・日本政府・国民の対応には不十分な点が多々あり、「炉心溶融した原子炉をどの様にして解体するのか」や「日本はどの様にして電気を確保するのか」など、今後解決しなければならない問題が幾つも残っている。

今回の事故で最大の問題点は、東京電力や日本政府を含めて日本人の大半が安全神話を信じ、原子力発電所で炉心溶融などの深刻な事故が起きる可能性を想定していなかったことである。そのため、「深刻な事故がどのような時に起きる可能性があるのか」、「事故が起きそうになった場合にどう対応すれば良いのか」、「事故が起きてしまった場合に被害を最小にするためにはどうすれば良いのか」などの問題をほとんど検討していなかった。

もし津波が発電所を襲った場合に必要な対策を取っていたら、今回の事故は確実に防ぐことができた。東京電力は津波が襲う可能性を知りながら、津波対策にかける僅かなお金を惜しんだために、10万人以上の福島県の住民が長期の避難を強いられ、日本国民が20兆円余りのお金を負担せざるを得なくなった。これだけ多くの人に深刻な影響を与える可能性を考えれば、たとえ危険性は低く思えても、「津波対策を行う」と決断すべきだったのではないだろうか？運が悪ければ、今回の事故は関東一帯に致命的な放射能被害をもたらしたかも知れず、東京電力の責任は厳しく問われるべきである。

つぎに原子力発電の経済性の検討では、政府は電気事業連合会が作った資料に基づき、電源三法で支出する補助金や使用済み燃料の再処理などにかかる経費を計算に入れずに、安全神話と組みにして、「原子力発電は安全で経済的だ」と国民に宣伝をしていた。日本でこれから原子力発電所をどうするかを検討する場合には、原子力発電にかかる費用を再

計算し、高レベル廃棄物の最終処分場をどうするかを含め再検討する必要がある。

3つ目に、東北地方太平洋沖地震と福島第一原子力発電所の事故は、長期に避難を強いられた人の数も金銭的被害もほぼ同程度であったにもかかわらず、国民は原発事故の被災者に冷たい態度を取った。中には、「原発事故で死亡した人はいないのだから、大した事故ではなかった」と発言する人もいた。このことには、低線量被爆の危険性が理解し難く、被災者の辛さが見え難いこともあるが、政府が「被害者は東京電力に補償を要求すべきである」と決めたので、多くの国民が「被害者個人が解決すべき問題だ」と考えたこともある様である。

原子力利用の是非を議論する時には、次の様なことを考慮する必要がある。

・原子力発電は、温暖化ガスを出さずに大量の電力を発電することができる。
・日本には運転期間が40年未満で、まだ使える原子力発電機が沢山ある。
・原子力発電を止めるとしても、使用済み燃料をどうするかや、事故を起こした福島第一原発をどのようにして解体するかと言った負の遺産があり、原子力に関する有能な人材が今後も必要である。

しかし私達は、政府や電力会社が言っていた「原子力発電は安全で経済的である」という説明は虚偽であり、使用済み核燃料の処分など先延ばしされた重要な課題があることを知ったはずである。さらに、原子力発電所が深刻な事故を起こすと、発電所の近くに住む人は耐えがたい苦痛を味わい、国民にとっての経済的な被害も莫大となることを骨身に染みて感じたはずである。

原子力発電所に関しては、現在まで約50年余りの間に、米国・ソ連・

第一部

日本という科学技術先進国で炉心溶融する事故が起きており、「今後深刻な事故は起きないで済む」という期待は合理的ではない。

原子力発電所の深刻な事故がどの程度の割合で起きるかを計算するため、過去の事故の歴史を参考にして、発電機1機当たり1万年に1回炉心が損傷する重大事故が起きる[47]とすると、日本では現在40基余りの原子力発電所があるから、250年に1回は炉心が溶融する事故が起きることになる。現在ある原子力発電機を今後25年間運転すると、その間に日本で炉心が溶融する原子力発電機の事故が起きる確率は10%位となる。

政府は「安全が確認された原子炉から順に再稼働してゆく」と言っており、既に幾つかの原子力発電機が再稼働されている。

事故後に作られた原子力規制委員会は前身の原子力委員会に比べ熱心に仕事をしており、事故前に比べ原子力発電所の安全性は上がっているものと考えられる。しかし原子力規制委員会も判断ミスを犯すこともある[48]だろうから、「原子力規制委員会が認めたから安全である」という政府の説明はおかしい。さらに、政府事故調査委員会などによる事故調査の結果なされた提言は、政府によってあまり生かされていない。とくに、深刻な事故が起きそうになった場合の対策と、事故が起きてしまった場合に被害を少なくするための対策が不十分であるという状態は、事故前とほとんど変わっていない様に見える。このことが正されないと、事故が起きた場合に、途中で事故の拡大を止めることができずに、福島第一原子力発電所の事故と同様の深刻な被害が生じる可能性が高い。

なお、安倍首相や経済界は原子力発電所を発展途上国に輸出しようとしているが、途上国の科学技術に関する知識や最新の機器を使う能力は先進国に比べ劣っている。その様な環境下で原子力発電を行うなら、原子力発電所の深刻な事故は今までよりも増えるであろう。チェルノブイリ事故で見られた様に、原子力発電所の事故の影響は事故を起こした国にとどまらない。自国での事故の後始末すらできていない状態で、技術レベルの劣る国に原子力発電施設を輸出して利益を得ようという考え

は、無謀という他ない。

　第二次世界大戦からの復興に当たり、私達は欧米の考え方や科学技術を導入し、こまめな改善で競争力を上げてきた。そのため、私達日本人は物事を根本から考えることを苦手とし、困ったことがあると問題を先送りし、物事の本質を考えることを避ける習慣が身についてしまった。しかし原子力利用の危険性を考えると、今度こそ根本から考え直して方針を決める必要がある。

　今回の原子力発電所の事故を通して教育を考えると、目に付くのは、日本人の物事の本質を考える力の欠如と科学技術教育の不十分さである。国民は震災に対しては一致して協力したのに対し、原子力発電所の事故への対応では被災者に同情することは少なく、場合によっては避難者へのいじめが起きたり、深刻な風評被害が起きたりした。風評被害のほとんどが科学と数学に関する能力不足、とくに放射能に関する基本知識の不足と物事を定量的に考える能力の不足に起因している。日本では、物事の本質がどこにあるかを考えさせる教育を強化すると共に、数学や科学を使って問題を解決する訓練を充実すべきである。

【参考文献】

東北地方太平洋沖地震関連文献

［１］　上田誠也、どうする！　日本の地震予知、中央公論、2011 年 4 月号.
　　　　http : //www.chuokoron.jp/2011/03/post_67.html
［２］　金森博雄、巨大地震の科学と防災、朝日選書 912、2013 年.
［３］　宍倉正展、次の巨大地震はどこか！　MP ミヤオパブリッシング、2011 年.
［４］　長谷川昭、西村太志、佐藤春夫、地震学、共立出版、2015 年.
［５］　箕浦幸治、津波災害は繰り返す、まなびの杜　No.16、2001 年.
　　　　http : //web.bureau.tohoku.ac.jp/manabi/manabi16/mm16-45.html
［６］　Robert J. Geller、日本人は知らない「地震予知」の正体、双葉社、2011 年.
［７］　気象庁、平成 23 年（2011 年）東北地方太平洋沖地震.
　　　　http : //www.data.jma.go.jp/svd/eqev/data/2011_03_11_tohoku/

第一部

［ 8 ］　内閣府防災担当、東日本大震災における被害額の推計について、2011 年 6 月.
　　　　http : //www.bousai.go.jp/2011daishinsai/pdf/110624-1kisya.pdf
［ 9 ］　NHK、予測できなかった超巨大地震　苦悩する地震学者たち、クローズアッ
　　　　プ現代、No.3144　2012 年 1 月 19 日放送.
　　　　http : //www.nhk.or.jp/jp/gendai/articles/3144/index.html

福島第一原子力発電所の事故関連資料
［10］　荒木力、放射線被ばくの正しい理解、インナービジョン、2012 年.
［11］　大島堅一、原発のコスト－エネルギー転換への視点、岩波新書、2011 年.
［12］　大島堅一・除本理史、福島原発事故のコストと国民・電力消費者への負担転
　　　　嫁の拡大、経営研究、2014.
［13］　小山真人、原子力発電所の「新規制基準」とその適合性審査における火山影
　　　　響評価の問題点、科学、岩波書店、2015 年.
［14］　齊藤誠、震災復興の政治経済学、日本評論社、2015 年.
［15］　関谷直也、震災 5 年目の風評被害、心理学ワールド、2016 年.
［16］　田坂広志、官邸から見た原発事故の真実、光文社新書、2012 年.
［17］　中川恵一、放射線医が語る被ばくと発がんの真実、ベスト新書、2012 年.
［18］　畑村洋太郎、安部誠二、淵上正朗、福島原発事故はなぜ起こったか、講談社、
　　　　2013 年.
［19］　本間龍、原発プロパガンダ、岩波新書、2016 年.
［20］　水野倫之、山崎淑行、藤原淳登、福島第一原発事故と放射線　緊急解説！、NHK
　　　　出版新書、2011 年.
［21］　NHK スペシャル『メルトダウン』取材班、福島第一原発事故 7 つの謎、講談
　　　　社現代新書、2015 年.
［22］　NHK 東海村臨界事故取材班、朽ちていった命、新潮文庫、2006 年.
［23］　東京電力福島原子力発電所における事故調査・検証委員会、福島第一原子力
　　　　発電所事故調査報告書（最終報告）、2012 年.
　　　　http : //www.cas.go.jp/jp/seisaku/icanps/post-2.html
［24］　東京電力福島原子力発電所における事故調査・検証委員会、政府事故調中間・
　　　　最終報告書、メディアランド、2012 年.
［25］　東京電力福島原子力発電所事故調査委員会、国会事故調報告書、徳間書店、2012
　　　　年.
［26］　福島原発事故独立検証委員会、調査・検証報告書、一般財団法人日本再建イ
　　　　ニシアティブ、2012 年.
［27］　東京電力株式会社、福島原子力事故調査報告書、2012 年.
　　　　http : //www.tepco.co.jp/cc/press/betu12_j/images/120620j0303.pdf
［28］　環境省、放射線による健康影響等に関する統一的な基礎資料（平成 27 年度版）、
　　　　第 3 章　放射線による健康影響.
　　　　http : //www.env.go.jp/chemi/rhm/kisoshiryo/h27shiryo3b.html

第一章　想定外

[29]　ICRP、国際放射線防護委員会の 2007 年勧告、2007 年.
　　　http : //www.icrp.org/docs/P103_Japanese.pdf
[30]　一般社団法人日本臨床検査薬協会、臨床検査からわかるトピックス、No.9
　　　放射線被曝とがんとの関連性、2016 年閲覧.
　　　http : //www.jacr.or.jp/topics/09radiation/00.html

【注】

1)　後になり、この地震は宮城県沖で始まり、震源より東の日本海溝に近い部分で
　　最大の破壊を起こし、その後福島県沖と茨城県沖に広がったことが分かり、地
　　震の強い揺れが長く続いた理由が分かった。地震の途中で揺れ方が変わった理
　　由も理解できた。
2)　東北地方太平洋沖地震についての正確な情報は、気象庁ホームページの「平成
　　23 年（2011 年）東北地方太平洋沖地震」に載っている［7］。
3)　国民がパニックとならない様に配慮したのだろうが、私は正確な情報が欲し
　　かった。
4)　例外としては、太平洋プレートの真ん中にあるハワイでは、マントルの湧き出
　　しに伴う火山活動や地震が起きている。
5)　プレートの境界や断層で起きる大地震は、この様な逆断層型地震が多い。それ
　　以外にも沈み込んでいる側が急に強く沈む正断層型地震と、二つのプレートや
　　地盤が横にずれる横ずれ型地震も起きる。正断層型地震の例としては昭和三陸
　　地震（1933 年）、横ずれ型の地震の例としては阪神大震災を起こした兵庫県南
　　部地震（1995 年）がある。
6)　地震学者は昭和東南海地震（1994 年）の直前にあった様な前兆すべりが次の東
　　海地震でも起きる可能性が高いとし、東海地震は予知できる可能性があると主
　　張した。
7)　人数は資料により多少異なるので、気象庁「過去の地震津波災害」の人数を使っ
　　た。
8)　私の講義「教育と科学技術」の受講者の中に釜石で津波から避難した学生がお
　　り、避難体験を他の受講者に話してもらった。受講者の中には、南相馬で原発
　　事故から避難した女子学生もいた。津波から避難する様子は、震災を記録した
　　ビデオにも見られる。
9)　箕浦−今村の津波シミュレーションでは、貞観地震の津波が（福島第一原発に
　　近い）福島県の相馬を襲っている。
10)　宍倉正展、次の巨大地震はどこか！［3］の 33 ページには、地震後に「今まで
　　宍倉さん達の研究は眉唾だと思っていた」と主流派の地震学者から告白を受け
　　た話が書いてある。
11)　地震による被害の大きさは、どこで起きたかが関係する。今回は東北地方の太

第一部

平洋岸という過疎地域で起きたので、地震の規模に比べ被害は小さかった。

12) 津波による経済的被害を減らすためには防潮堤を作るなどお金のかかる対策を行う必要があり、経済的被害を減らすことは簡単ではない。

13) 私は被災地の治安悪化に関する（根拠のない）噂を聞いたことがある。

14) ハード面での対策にはお金と時間がかかる。したがって、ソフトの対策を早急に行い、ハードの対策は優先度を考えながら着実に行うべきであろう。

15) 1896 年の明治三陸地震と関連して、海洋プレート内に震源を持つ昭和三陸地震が 1933 年に起きている。東北地方太平洋沖地震に関しても同様の海洋プレート内に震源を持つ地震（アウターライズ地震）が起きる可能性があるが、震災復興のために行った工事により、ある程度の対策はできている。

16) 1955 年に原子力基本法が成立し、原子力利用の大綱が定められた。その後、正力氏は原子力委員会委員長や科学技術庁長官を歴任した。

17) 1974 年（昭和 49 年）には電源三法（電源開発促進税法、電源開発促進対策特別会計法、発電用施設周辺地域整備法）が成立した。電源三法の詳細については、電気事業連合会のホームページを参照されたい。

18) 原子炉は核分裂で生じる中性子を減速するかどうか、また何を使って減速するかで分類される。軽水炉は、重水ではなく普通の水 H_2O を使って減速する原子炉を意味し、発電で生じるプルトニウムを兵器に転用し難いこともあり、世界で最も多く使われている。

19) 福島第一原子力発電所の事故以降、福島第一原子力発電所の 6 基を含む 10 基が廃炉になり、現在は 44 基の原子力発電機が日本には残っている。

20) 原子炉から熱を取り出すのに沸騰した水を使う原子炉を沸騰水型原子炉と呼び、圧力を掛けた沸騰しない水を使うものを加圧水型原子炉と呼ぶ。

21) 米国やフランスは、4 号機の使用済み燃料プールが崩れ落ちるなどして事故がさらに拡大することを危惧していた。そのため、米国は福島第一原子力発電所より 80km 以内にいる自国民を退避させ、多くのフランス人が帰国したり訪日をキャンセルしたりした。

22) 実際、三陸海岸の南端にある東北電力女川原子力発電所では、過去に三陸地方を襲った津波のことを考え、敷地を高い場所に作るなど幾つかの対策を取っていたため、震源に近く高い津波が襲ったが深刻な事故を避けることができた。

23) 大島堅一『原発のコスト』[12] の第 3 章に詳しい計算が書いてある。原子力発電のコスト計算は色々な人が行っており結果はかなり違っているが、いずれも以前の計算よりコストは大幅に上がっている。大島氏の計算は、電力会社が使った経費に、電源三法補助金・高速増殖炉開発・使用済み燃料の再処理などに必要となる経費を積み上げて得られたものであり、国民と国際社会の承認の下で原子力発電を行うための経費として妥当である。ただし、原子力発電所の事故で必要となった経費（農産品のブランド価値低下など賠償対象とならないものは除く）が、大島氏の本が書かれた後に 20 兆円を超えることが明らかなっており、修正が必要である。この点は他の人の試算でも同じである。

第一章　想定外

24）福島第一原子力発電所の事故では、文部科学省と経済産業省、国と県と市区町村、国と東京電力、東京電力の本社と現場、東京電力の執行部と原子力発電部門の間に、一方の情報が他方に円滑に伝わらないという弊害があった。

25）畑村洋太郎他『福島原発事故はなぜ起こったか』[18] 第3章～第6章にどう修正すべきかの提案が書いてある。

26）原子力規制委員会は、「新規制基準は原子力施設の設置や運転等の可否を判断するためのものです。しかし、これを満たすことによって絶対的な安全性が確保できるわけではありません」と言っている。しかし政府は「世界で最も厳しい新規制基準をみたしているから安全である」と国民に説明して、原子力発電所の再稼働を進めている。

27）東北地方太平洋沖地震では、福島第二原子力発電所でも1号機と2号機が浸水し、もう少しで過酷事故となる所だった。

28）郡山市のホームページにある空間放射線量の平均値より引用。

29）100ミリシーベルト被爆するとがんで死亡するリスクが0.5％高まると考えられている（長崎大学原爆後障害医療研究施設の放射能Q&A参照）。0.5％は小さく思えるが、福島県民200万人の0.5％は1万人となり、今回避難した16.5万人の0.5％は約825人となる。

30）国際放射線防護委員会（International Commission on Radiological Protection）は、専門家の立場から放射線防護に関する勧告を行う民間の国際学術組織であり、国際原子力機関（IAEA）・世界保健機構（WHO）・国際放射線防護学会などと協力して活動している。

31）医療のための被爆については、大阪大学医学部付属病院ホームページの「放射線被曝について」に分かりやすい説明がある。

32）六ヶ所村再処理工場は、約2兆1,900億円超の費用をかけ、1993年4月に着工し2010年10月完成予定であったが、延期が続きまだ稼働していない。また、六ヶ所村再処理工場のみでは、日本のすべての原子力発電所の使用済み燃料を再処理することはできない。

33）ヨウ素131は45日後に約 $2^{-45/8.02} = 1/48.9$ になり、セシウムよりかなり弱くなった。

34）経口摂取による内部被曝についてはベータ線の影響が強いので、空間放射線（ガンマ線）とは異なる比率となる（やはりセシウム134の方が強く、1.5～2倍位になる）。

35）チェルノブイリの事故では、事故当時に既に生まれていた子供と事故が起きてから生まれた子供の間の甲状腺がんの患者数の比較で、事故により甲状腺がんになった人が多数出たことが証明されている。

36）ヨウ素剤を服用すべきかどうかに関して、事故当時は情報が錯綜していた。例えば、自主的にヨウ素剤を住民に配った三春町に対して、福島県の担当者は「国の指示が出ていない」としてヨウ素剤の回収の指示をしたが、三春町は県の指示に従わなかった。

35

第一部

37) 福島の子供の甲状腺の調査では、2016 年 6 月現在で 175 名の甲状腺がんおよび
その疑いがある人が見つかっているが、この人達が事故で漏れた放射性ヨウ素
によるものかどうかは、専門家の意見が分かれている。

38) 「科学的に証明されていない」との意味であり、チェルノブイリで患者を診ている医者からは「様々な影響がある」と言う意見もある。

39) 福島第一原子力発電所事故の爆発や放射能被爆などによる死者はいないが、4
号機タービン建屋内で 2 人の作業員が津波により溺死している。

40) 経済産業省の松下忠洋副大臣は、2011 年 6 月 16 日の衆議院総務委員会で「指
定された区域外に避難した人は 11 万 3,000 人に上る」と答弁した。福島県のホー
ムページによると、東日本大震災での避難者はピーク時の平成 2012 年 5 月に
は 16 万 4,865 人であったが、2016 年 9 月には 8 万 5,907 人となっている。また
福島県から県外への避難者の数は、2012 年 6 月ピーク時には 6 万 2,038 人と
なっている。

41) 福島県の太平洋沿岸地域（浜通り）では、東日本太平洋沖地震による津波でも
甚大な被害を受け、1,500 名以上の死者を出している。

42) 除染とは、放射性物質が付着した物を除去したり遮蔽物で覆うなどして人間の
生活空間の線量を下げることを指すが、広義には、有毒な化学物質や微生物へ
の対応も含まれる。

43) 除染には 4～5 兆円の経費がかかることが見込まれている。

44) 堆肥化や鋤き込みなどを行うくらいなら、田畑から汚染物質を集めるのでなく、
最初から田畑に穴を掘って埋めれば良かったのではないだろうか？

45) 例えば、原木しいたけ（露地栽培）・たけのこ・ぜんまいなどは生産地によっ
ては出荷制限指示を受け、イワナ・ヤマメなどの川魚も出荷制限を受けた（厚
生労働省ホームページ「出荷制限等の品目・区域の設定」参照）。

46) 現在でも福島市や郡山市から山形など他県に避難している人は多い。事故から
6 年近くになり、福島市や郡山市は環境放射能に関しては安全であると思われ
るが、子供のことを心配する多くの人が母子で避難をしている。その様なこと
もあり、事故前には福島県の人口は 200 万を超えていたが、現在は 190 万人を
割っている。

47) 現在まで 50 年位の間世界では原子力発電を行っており、現在動いている原子
力発電機の総数は 430 機位であるが、その間に米国 1 機、ソ連 1 機、日本 3 機
の 5 機で重大事故を起こしている。よって、各原子力発電機が作られてから現
在までどれだけ運転していたかを無視して計算をしても、$5/(430 \times 50) = 1/4300$
だから、1 機当たり 4,300 年に 1 回以上炉心が損傷する事故を起こした計算に
なる。なお、米国の新設プラントの審査では、炉心損傷頻度が $1 \times 10{-}4$/炉年以
下、早期大規模放出頻度が $1 \times 10{-}6$/炉年以下とするとなっている

48) 例えば、火山噴火の川内原発などへの影響については多くの火山学者が疑問を
述べている。九州・北海道・北東北には過去にカルデラを作った破局噴火を起
こした火山が沢山あるが、破局噴火についての知見は不足しており、「数年前

第一章　想定外

といった燃料搬出に必要な時間的余裕をもって予知できる」とは火山学者は考えていない [13]。その意見に従うと、運悪く原子力発電所が稼働中に近くの火山が破局噴火を起こした場合には、火砕流の中に熱い燃料を放置せざるを得ない可能性が高いが、その場合に「どのようなことが起きるか」の検討がなされていない。

第二章　東日本大震災と東北大学の教養教育
　　―東日本大震災から学んだ教養の重要性―

木島　明博

はじめに

　記憶に生々しい東日本大震災は、発生直後から実に多くのことを私に考えさせた。人生とは、人類とは、生命とは、人間とは、社会とは、絶望とは、希望とは、家族とは、生活とは、保障とは、放射能とは、産業とは、科学とは、……。その後も東日本大震災は考えさせることを辞めさせない。復興とは、家屋とは、街とは、歴史とは、人の欲望とは、学問とは、大学とは、そしてまた科学とは、社会とは、人間とは、……。湧き出してくる疑問、溢れ出してくる思考、その結果としての混乱。その時その時の状況によって思考題材が変化し、興味も読本も様々に移りゆく。混沌とした中で時が過ぎ、7年が経とうとしている。それでも尚、私に考えさせることをやめさせない東日本大震災。

　これまでの人生を振り返ってみる。自分の興味のあることのみに思考が偏っていたことにいまさらながら気づかされた。生命の不思議、生態のメカニズム、遺伝の機構、魚介類、集団遺伝学、水産資源、増養殖などのキーワードが躍っている論文や科学書、あるいは一般の読み物に飛びついていた。社会、歴史、哲学、文学などのジャンルは学生時代で卒業とばかり思い込み、自ら進んで読み漁ることはしなくなっていた。実験科学を通して自分の哲学を創り、そこから人間社会を考えれば済むものと思い込んでいた。さすがにいろいろなプロジェクトの審査委員になったときにはそれぞれの専門に関する勉強をした。大学本部の仕事をするようになってからは各部局の状況を知るために自分の専門外資料にも目を通したし、大学教育に関する勉強も精力的に行った。しかしそれらは自らの知的欲求からの学びではなく、必要に駆られて行った学びで

39

第一部

あった。

　教養や教養教育についても必要に駆られて学習した。文部科学省大学審議会や中央教育審議会から出される答申は丁寧に読み込んだ。また、数多の教育に関する著書を勧められるままに読んだ。知識は増えた。大学が置かれている状況の把握はできてきた。しかしかえって教養とは何か、教養教育のことが分からなくなった。ただこれまでの教養に対して、自らの考えが違うから、あるいは学生に対する教育効果が見られないからといって人を非難することはせず、百家争鳴、これといった解のない教養教育に対して、教員も学生もそして大学人すべてがその重要性を再認識するとともに、人心の和を構築することが改革となるというところに辿り着いた（文献 1）。しかし東日本大震災はその結論すらも揺るがした。教養そして教養教育は、緊急事態、想定外の状態が生じたときに自らを相対化し、自らの行動を冷静に判断できる能力をつけるものでなければならないことを痛感した。

　東日本大震災はこれまでの必要に駆られての学習や方法論を探すための思考を続けてきた「自分」を破壊した。真の思考とは何か、自らの意思で行う学習とは何か、教養とは何かを私に考えさせた。まだまだ結論には達していない。いつ達するのかも想像できない。それでもなお思考の過程を整理したい。本章では東日本大震災から考えさせられた「教養」をテーマに、第一節：東日本大震災では何が起こり、何を考えさせられたのか、第二節：東日本大震災復興プロジェクトで何をし、何を考えさせられたのか、第三節：その経験と思考に基づいて考えさせられた教養の重要性と東北大学の教養教育への期待、について述べる。

第一節　東日本大震災では何が起こり、何を考えさせられたのか

　平成 23 年 3 月 11 日（金）14 時 46 分、宮城県の牡鹿半島沖約 130Km（震央地：北緯 38.1 度、東経 142.9 度、深度 24Km）の海底を震源とするマグニチュード 9.0 の極めて大きな地震が発生した。その震源地は太平洋プレートが沈み込む海底下であったため、巨大な津波が誘起され、

第二章　東日本大震災と東北大学の教養教育

地震発生後約 30 分から 40 分で津波の第一波が東北地方太平洋沿岸域を襲った。

　当時私は 1 泊 3 日のモスクワ出張から帰国し、東京駅から「はやて 29 号」に乗って 14 時 37 分、時刻表通り仙台駅に到着。直ちにタクシーで片平本部に着いたところであった。タクシーを降りようとした時、大きな地鳴りと共に縦揺れと横揺れが混在するような異様な地震が襲ってきた。大きかった。長かった。悲鳴が上がり、嗚咽が聞こえる。電線が切れ、火花が散る。停電する。携帯電話がつながらない。何もかもが一瞬にして立て続けに起こってくる。情報がない。本部前に駐車していた自分の車のエンジンをかけ、ラジオをつける。大音量にしてみんなに聞こえるようにする。そこから聞こえてくる音声は信じがたいものであった。「荒浜地区では 100 体以上のご遺体のようなものが見えます」とヘリコプターから見た記者が言っている。大津波だ。女川はどうなったのだろうか。女川に電話する。教職員の携帯電話に電話する。学生にも電話する。つながらない。身も凍る思いで時間を見つけては電話し続けた。つながらない。

　私の研究室は宮城県女川町にある農学研究科附属複合生態フィールド教育研究センター複合海域生産システム部（略称：女川フィールドセンター）である。ここは女川港に面した小乗浜にあり、津波の被害を直接受ける地理的条件にある。そこには教員と職員、学生、大学院生がいる。また当日、北海道から来た研究者と宮城県の研究者が来ていた。さらに、年 1 回の職員面談のため、フィールドセンター長が来訪していた。みんな無事なのだろうか。実習調査船「翠皓」と船外機付き調査船「海生」はどうしただろうか。研究棟や飼育施設はどうなっただろうか。今までに経験したことのない不安と焦燥感が私を捉えて離さない。一方で私は総長補佐として井上総長との連絡を取ったり、根元理事の下で大学の災害対策に追われていた。その日もその次の日も。転寝をするとすぐに女川のみんなの顔が浮かんでくる。目が覚める。熟睡などできようはずがない。

41

第一部

　3月13日（日）。震災3日目。地震の揺れは収まったが停電は続いていた。ラジオから各地の被災状況の放送が流れる。女川への電話はその日も何度も何度もかけている。つながらない。昼すぎ井上総長が帰還。直ちに大学本部で災害対策本部会議が始まる。終了後、安否の確認ができていない研究室の大学院生2名のご両親のところへ行き、事情説明を行った。どちらのご両親ともに子供の無事を確信していると力強く言われた。声を詰まらせるところもあったが、その言葉に逆に励まされて本部に戻ってきた。夕方になっていた。そこに安否不明だった大学院生の早坂君が本部に来てくれた。安否不明だったもう一人の大学院生の神山君の父親が心配し、愛娘の捜索のため直接女川に行ってくださった。電話も何もつながらない。道路も不通となっている箇所がある状況で女川町に入ることができたとき、偶然、女川フィールドセンターの職員と出会ったそうである。11日以降、全員で女川町高白にある海泉閣という旅館に避難しているという。安堵した。その後、もう一人の大学院生の神山君が本部にきて、共に海泉閣に残っている教員と研究員の救出に向かった。

　薄暗くなっている。神山君の道案内で津波の被害を受けていない山手の道をたどっていく。所々迂回を強いられる。普段なら通ることのない鹿島台から石巻に抜ける道を通っている。辺りは真っ暗だ。異様な静けさの中で車を走らせる。石巻に入り、稲井方面にいく。ここも津波が来たようである。迂回しながら小高い山の峠を越えて女川に入る。万石浦はあまり大きな被害がないらしく、民家がいつものように建っている。浦宿を過ぎて女川に入る。街中を行く街道は通行不可。コバルトラインにむかう山を越える。下り坂に入って間もなく、上向きにしたライトに照らされた瓦礫が見えた。瓦礫は道路の両側に積まれ、道は極めて狭くなっている。壊れた家の柱だろうか、所々で木製あるいは鉄骨製の太い棒が突き出している。これ以上いけるのだろうか。辺りは真っ暗。それでもなお注意深く瓦礫をよけながら小乗浜にある女川フィールドセンターを目指す。あった。遠くに見覚えのある建物が車のライトに照らさ

第二章　東日本大震災と東北大学の教養教育

れてぼんやりと見える。近くまで来ると建物周辺が瓦礫に埋もれている。しかも屋根の上に民家がのっかっている。これでは近くには近寄れない。その横を通り抜け、みんなが避難している海泉閣へ向かった。着いた。たくさんの方が避難し、寄り添っている。直ちに玄関から声をかけ、避難集団の長（おさ）らしい人と話をした。そこに女川フィールドセンターから避難した全員が出てきた。まさに涙の再会である。よくぞ生きていてくれた。正直な感動に固く手を握り合い喜びを隠さない。全員の無事を確認した。

　女川地区在住のフィールドセンター職員は避難所に残り、仙台方面に戻る人を乗せて海泉閣を後にした。その時、その中の二人（陶山助教と酒井北海道研究員）はそこに残ると言い出した。この人たち（約150人の避難者）を置いては戻れないという。一人は自分自身も乳飲み子を仙台に残しているのに。一人は北海道から来た研究員であるのに。その二人は避難集団で大きな役割を果たしていたという。その二人がいなくなることで避難集団が困るのであれば連れて帰れない。長に相談する。長は言う。食料も尽きてくるから帰れる人はできるだけ帰ってほしいと。その説得により二人は我々と共に帰ることにした。日が変わるころである。

　帰路は往路よりも簡単だと思った。来た道を帰るだけだから。しかし、女川フィールドセンターを過ぎたあたりで道路が海水に満たされているではないか。何が起こったのだろうか。北海道の酒井研究員が車を降りて海水の深さを図る。膝ぐらいまである。このままでは進めない。二次災害という言葉が頭をよぎる。どうするか迷っているうちに海水が動き出した。海に向かって流れ出した。これは津波だ。まだ津波が来ているのだ。丸二日半たったにもかかわらず津波が繰り返し襲ってきているのだと思った。この震災の大きさを再認識した。それから数分後には海水をはじき、水しぶきをあげながら海岸沿いを通り抜けた。真っ暗な道。停電は宮城県沿岸全域に及んでいるらしい。どこまでも暗黒の世界。大震災を象徴しているようであった。午前4時近くだったろうか。みんな

43

第一部

を自宅あるいは宿泊場所に送ってから片平本部に戻った。

　この震災で女川フィールドセンターにいた全員が避難できたことは、日頃の避難訓練が功を奏したのだと思う。必ずしも真面目に行っているとは言えなかった避難訓練も、実施していればそれなりに意味のあることなのだろう。実際に女川フィールドセンターにいた人々は、女川町の津波警報が鳴り、避難指示が出されるとすぐにチリ津波の時に津波が到達しなかった場所へと車で移動し、避難した。どのような津波が来るのだろうかと思いながら海を見ていたらしい。しかし高見の見物どころではなかった。予想をはるかに超える津波が襲ってきた。そのため、今度は走ってさらに高台へと避難したという。その時、パソコン類や日常必需品などはすべて車ごと津波に飲まれたという。

　船舶に関しては津波警報が出された場合には船を沖出しすることになっている。女川フィールドセンターの平塚豊一船長と阿部勝男前船長は自分の漁船をそのまま港に残し、「海生」を「翠皓」にロープで繋いで女川沖（笠貝島よりも沖合）に避難した。そのときの船長の話によると、船舶が盛り上がった海水で上へ上へと持ち上げられ、少し経つと今度は下へ下へと落とされていく。そのような顕著に大きな津波は3回あったと実体験を語っている。そのまま二日間、沖合に避難していたという。

　東日本大震災による被害状況は震災直後から取材に入ったマスコミ各社による報道、その報道写真を集約した各新聞社の写真集など、数多の資料がある（文献2～5）。それをみる度、いまでも私の心が悲鳴を上げる。しかし、何が起こったのかを理解するためには避けることはできない。津波襲来の写真がある。人々が逃げていく写真もある。人が救出されている。そして宮城県、岩手県、福島県の太平洋沿岸の街から住宅が消し去られている。その一つひとつの写真に説明はない。説明がなくても実に多くを語っている。

　さらに福島第一原子力発電所の事故が追い打ちをかけた。前代未聞の放射性物質の飛散。人々は正確な情報がないまま逃げまどい、ある者は

放射性物質が飛散した方向へと逃げていった。ある者は東北地方からの避難を実行した。ある者は日本からの避難を決行した。その慌てぶりに多くの事故が各地で起こった。人間不信も生じた。私の母の実家は福島県双葉郡浪江町の請戸漁港にある。福島第一原子力発電所から 6km ぐらいしか離れていない。その集落は津波で完全に破壊されてしまった。残念なことに私の親戚や友人の多くが亡くなった。その中には屋根の上に逃げて津波からはのがれたにもかかわらず、放射能事故によって救援隊すらも入ることができず、動けないまま餓死したものもいたという。何という残酷なことなのか。

このような状況が宮城県、岩手県、福島県を中心に太平洋沿岸域で生じたのである。どれだけの悲劇が生まれたのだろうか。どれだけの絶望が生まれたのだろうか。そしてどれだけの教訓が生まれたのだろうか。このような緊急事態で必要なことは、情報を的確に判断し、それを提供し、被災の軽減に努められるリーダーシップ、協調性、冷静さ、洞察力などであろう。これらのキーワードはどこかで見たことがある。文部科学省の審議会答申である。特に教養教育の重要性を謳った文書には必ずと言ってよいほど現れてくる。私はここに言葉だけではなく、統率力と実行力、そして何事にも冷静に対処できる胆力を加えたいと切に感じた。

第二節　東日本大震災復興プロジェクトで何をし、何を考えさせられたのか

東日本大震災は東北大学にも甚大な被害を与えた。教育研究施設も使用できない状況になった。その震災直後の状況の中で東北大学が行った行動は東北大学発行の東日本大震災記録集「3.11 から　記録と記憶をつないで、次代へ、世界へ」（文献 6）に詳しく記載されている。また、東北大学の被災状況と震災発生直後の学事に関する処置については前著（文献 7）に詳しく記載した。

その後のことである。東北大学は学問の府、研究大学を標榜する大学として 100 余年の歴史を育んできた。その東北大学が何をなすべきか。

第一部

その答えは明確である。それまでの多くの研究成果を東日本大震災から
の復興に役立てるときが来た。被災した大学としてどのように復興に取
り組むか。学術研究をどのようにして復興への貢献に結びつけていくか
が議論された。結果、「東北大学災害復興新生機構」を設置し、大学が
一丸となって東北復興、日本新生の先導の役割を担おうということと
なった。この機構には100を超える様々な復興アクションが登録される
とともに、国家プロジェクトとして採択された8つのプロジェクトがあ
る。それは災害科学国際研究推進プロジェクト、地域医療再構築プロジェ
クト、環境エネルギープロジェクト、情報通信再構築プロジェクト、東
北マリンサイエンスプロジェクト、放射性物質汚染対策プロジェクト、
地域産業復興支援プロジェクト、復興産学連携推進プロジェクトである
（文献7）。これらのプロジェクトはすべて研究のための研究ではなく、
復興のための研究を目指しており、東北大学が標榜する「実学尊重」の
理念に合致するものである。その一つひとつには中心となる科学分野が
あり、その科学をどのように社会へ展開し、復興に資するかの側面を持っ
ている。ここでは私が代表者となっている東北マリンサイエンスプロ
ジェクトについて紹介し、社会展開へ向けた学問分野の連携や統合につ
いて概説するとともに、ここにも教養の重要性が存在することを述べて
いく。

　東日本大震災の被害状況の写真を見ると、撮影された写真のほとんど
が陸域の被害状況であることに気づかされる。三陸は世界三大漁場の一
つに数えられ、沿岸域は漁業・養殖業を主な産業としている。その産業
の命綱は漁船であり、養殖施設であり、漁港である。巨大津波の襲来に
より防波堤や防潮堤が崩壊した。港に停泊していた漁船は転覆したり陸
に打ち上げられたり、沖に漂流したものもあった。漁船の燃料を備蓄し
ていた重油タンクが倒壊し、生物には毒となる重油の流出が起こった。
三陸沿岸で盛んにおこなわれていた養殖施設も破壊され、蝟集して海面
を漂った。沿岸域にある多くの水産加工場、冷蔵庫や冷凍庫も破壊され、
備蓄していた水産加工原料も流出した。あらゆる漁業関係施設が損壊し、

第二章　東日本大震災と東北大学の教養教育

三陸沿岸域の基幹産業である漁業は壊滅状態となった。そればかりではなく、陸域にある家屋や施設、家財道具、車両などありとあらゆるものが海洋に流出してしまった。さらに、津波による電源喪失を原因とする福島第一原子力発電所の事故により、放射性物質が陸域海域を問わず広く飛散した。漁業関係の被害は総額1兆円を優に超えた（文献8）。さらに漁業関係では放射能汚染による風評被害が重なり、被害額は計り知れないものとなっている。

　漁業の復興を目指すためには何が必要か。第一に東日本大震災によって漁業の基盤となる海の中がどのような状態になってしまったのかを正確に知ることである。もし、陸域からの瓦礫が残留していたら網を引くことができない。有害物質が海洋に残留していたならば漁獲しても食べることができない。防波堤や防潮堤の破壊によって海水流動状況が変化していたら漁獲対象生物の生活の場が分からない。どこに養殖場を設定してよいかわからない。海洋の栄養状態や基礎生産を担っているプランクトンの生息状況が変化していれば従来の漁業は成立しないのである。したがって、沿岸から沖合、表層から底層の広い範囲で海洋環境、海洋生態系がどのように影響を受け、どのような状態になっているのかを科学的に把握することが復興の基盤となる。そこで、沿岸域の漁業生産を研究対象としている東北大学が代表機関となり、沿岸から沖合域の物理・化学的環境研究に長けている東京大学大気海洋研究所と、深海を含む沖合底層研究が可能な海洋研究開発機構が副代表機関となる東北マリンサイエンス拠点形成事業（海洋生態系の調査研究）を立ち上げた。このプロジェクトには全国の大学から海洋関係のあらゆる分野の研究者延べ約300名が参画している。その活動や調査研究成果の詳細は当該事業のホームページ（文献9）や私の解説書（文献10〜12）を参照されたい。

　当初の5年間（集中復興期間）は各研究者がそれぞれの専門を生かして海洋生態系の変化に関する研究、海洋環境の変化に関する研究を多くの被災地域において行った。たとえば有害物質の分布を調査する研究者はPCB濃度、多環芳香族（PAHs）の分布、放射性物質の分布、たとえ

47

第一部

ば海洋環境を研究する研究者は海水中の栄養塩の分布、海洋プランクトンの分布、あるいは海底状況の研究などである。また、海洋生態系の変化を研究する研究者は、たとえばキチジ、ヒラメなどの魚類、ホッキガイなどの沿岸の貝類、ワカメやウニ類、あるいは河口域のシジミやアサリの分布状況などである。それらは震災の影響に関する総合的研究でもあり、多くの研究論文として発表されている。そして、海洋環境・海洋生態系の変化が明確になり、漁業復興の基盤が出来上がってきた。同時に単なる調査研究ではなく、研究成果に基づいて漁業復興に対して実際に貢献することができる状況がいくつか見つけられてきた。そこで、平成28年度以降の「復興・創生期間」ではプロジェクトの体制を充実させ、それまでに得られた調査研究成果をもとに、実際の漁業復興へと結びつく研究を進めているところである。一方、このような震災後の海洋環境・海洋生態系の変化に関する総合的研究を行ったプロジェクトは世界的にみても本プロジェクトが初めてである。一つの場で多くの項目について調査研究がなされていることから、そのデータを統合して解析すること（様々な学問分野の研究データを統一的に関連させて解析すること）によって、海洋生態系の変化のメカニズムを明らかにできる状況ができたと考えている。もしこれが可能であれば、その先に海洋生態系モデルを構築することができ、海洋生態系の保全と漁業生産が両立できる持続的漁業生産につながると期待される。これは学問の連携・統合によって成し遂げられるものである。これこそ東北大学が求めてきた「高度教養教育」につながるものではないかと考える。狭い自分の専門ばかり追いかけるだけではなく、広い視野をもって総合的に考える力。それこそ高度教養教育の一つの実践になるのではないか。

　一方、研究の社会展開についてみると、得られた成果をどのように実際の漁業者や漁業関連団体に伝え、理解を得て復興に貢献するかが問題となる。研究の統合的解析は、科学者間理解を得ることで成り立つが、社会展開は研究者だけの理解では成立しない。そこに人文社会科学的要素が必要となる。震災後仮設住宅を建設するとき、経済的側面からすべ

第二章　東日本大震災と東北大学の教養教育

ての集落を一つにまとめて建設する案があったが、見事に否定された。それは集落の成立の仕方と文化、集落成立後の歴史を理解しないため起こったことと考えられる。同様に、いくら科学的あるいは経済的に正当であっても、実施には集落の歴史や文化を理解しなくては社会展開に結び付けることができない。さらには相手に理解してもらえる人間関係や心理学的要素も関わってくるだろう。信頼とはそれらの総合的表現なのかもしれない。ここにはまさに自分を客観視し、他人を理解できる「教養」の力が必要になるのではないだろうか。今、このプロジェクトは科学的研究の統合のための高度教養と社会展開のための教養の実践の段階に入ったと考えている。

第三節　その経験と思考に基づいて考えさせられた教養の重要性と東北大学の教養教育への期待

　東日本大震災は私に多くの宿題を与えた。私ばかりではない。多くの人にたくさんの宿題を与えた。不測の事態が発生したときに何が必要なのか、どのような行動が必要なのか、それらを支える人間性とは何か、社会とは何か、科学とは何か。人それぞれに深く、普段では考えられないほど真剣に考えることがあったことは予想に難くない。その時、それらの思考の基盤は何であったろうか。数学であったのか、生物学であったのか、国語であったのか。そのどれでもない。そのすべてであったのだと思う。自らが持っている知識を総動員して自己を見出し、その自己が存在する「今」を考えたに違いない。この考える力、社会の善悪を判断する力、人との協調を行う力、それらこそ教養の成せる業ではなかったのではないだろうか。人それぞれ持てる教養の中身は違うかもしれない。その中から人々を統率していく力のある者達、実行力のある者達、それにも増してその者達の言い分を理解し、協調することができる者達がいてその時の行動、その時の人々の統一性が成り立ったのではないだろうか。

　東日本大震災は私たちの教養を試す一つの実例になったのかもしれな

第一部

い。あの時暴動が起こらなかったことが多くの国で敬意をもって報道された。しかし実態は完璧なものではなかった。大きな暴動は起こらなかったものの、各地でデマやフェイクニュースも出回った。学者たちは研究の機会を逃さず我先に被災地に入っていった。その情報は局地的現象の報告が多く、マスコミが挙って取り上げたため、日本が壊滅状態に陥ったような錯覚を多くの人に与えた。事実、東北大学が壊滅したとまで信じ込んだ外国の研究者も多くいたという。

　教養は災害のためにあるものではない。しかし、災害を含めどのような事態においても対応できる自分を創るものであると考える。自分を知り、自分を理解し、他人を知る。それを一般化して人間を知り、社会を知り、世界を理解する。そして、その上で自分を導き、人を導き、社会を創り上げる。このようなことを教育することが教養教育なのだろう。実に難しい。これは知識だけでは成し得ない。知識を基盤とするが、その知識を使いこなす知恵が必要になる。また、知恵ばかりではない、実行力、決断力、統率力も必要となる。さらに、その決断を人々に理解させる説明力や人から信頼される人格も不可欠な要素である。

　さて、この神のような人を育てる「教養教育」はできるのであろうか。不可能である。しかし、そこに向かうことは可能である。そのためには教養教育を行う教員と、教養教育を受ける学生、そして教養教育を体系化する体制が三位一体になる必要があると感じている。その第一段階として前著（文献7）に顕した通り、教養教育の重要性を学生・教員共に再認識する意識改革、人と人の心の和を作ることができる協調性の涵養が必要である。自分が学生だった時には教養を学ぶ必要性がわかったとしてもその意味を心から理解していなかった。単位の取得という必要に駆られた学びをしていたように記憶している。問題意識、具体的目的がない学問には興味を示さない。興味をもって主体的に学ぶためには実例や実際の体験談が必要ではないか。学生はその実例や体験からくるリアリティーに触発されるだろう。教員は教養の重要性に加え、それを学ぶ意味を、実例を挙げて理解させてほしい。東日本大震災は一つの大きな

第二章　東日本大震災と東北大学の教養教育

実例として多くのことを残している。震災を経験した教員にはそれぞれ思うところがあったに違いない。

　一方、学生は自ら教養の重要性、真の意味を理解することによって、必要に駆られてではなく主体的に学ぶ興味と意欲を湧かせることが重要である。さすれば災害ばかりではなく、自己を創り上げるために必要な学問としての教養に興味をもって学ぶ姿勢ができてくるのではないか。さらに学生はその学問を机上だけではなく、自らの体験あるいは自ら創り出す世界（空想の世界かもしれない）におけるリアリティーをもって学びを広げ且つ深めていけると思う。いかなる事態に対しても自己を理解し、人間を知り、社会を率いる論理や計画は学問として可能であろう。

　しかし、それを実行するための統率力と胆力は、授業だけでは学ぶことができない。実践的にはアクティブラーニングで体得するべきことなのだろう。それは正課ではないが、課外活動が重要な意味を持つことになる。たとえばクラブ活動など一つの小社会の中で様々な人間関係を学び、様々な課題に対応し、適応していくことを学ぶ。それを支えるところが教養教育を体系化するところの組織となる。その組織は教員を知り、学生を理解し、教育体制を構築するところから始まるのではないか。ここに東北大学の教養教育の新たな展開の方向性を期待するものである。

おわりに

　最後に東北大学出版会がシリーズで出版している「今を生きる／東日本大震災から明日へ！　復興から再生への提言」の中で強い感動を憶えた言葉を引用したい（文献 13）。それは芳賀満教授の文章の中にあった「大災害に生き残った我々は、死者を忘れずに生かすために、経験を歴史へと転換して、そこから常に学ばないといけない」という一文である。我々は東日本大震災によって影響を受けた海洋環境、海洋生態系の変化過程を科学的に明らかにした事実と、その事実を基盤として漁業復興に寄与した実際をデータベースや科学論文、書籍を作成し、歴史へと転換していきたいと考えている。そして、そこから常に学びたいと考えてい

51

第一部

る。また、世界中の人々がこの忌まわしい経験を想定外とは考えず、実例として学んでもらうことこそ、真の意味での世界貢献となるのではないだろうか。芳賀教授の「経験を歴史に転換してそこから常に学ぶ」という姿勢は、海洋科学の一分野や一つの産業復興に限らず、戦争や紛争、様々な自然災害や人災など、あらゆる場面で思い起こされる言葉である。これこそ教養、そして教養教育につながる基盤ではないかと感じるものである。

【参考文献】

文献1：木島明博「第二章　東北大学と教養教育―東北大学における教養教育改革の取り組み―」東北大学教養教育院叢書「大学と教養」東北大学教養教育院／編『第1巻　教養と学問』（印刷中）

文献2：河北新報社「緊急出版　特別報道写真集」巨大津波が襲った3.11大震災〜発生から10日間の記録〜河北新報社．2011.4.8．pp.128.

文献3：三陸河北新報社「特別報道写真集　大津波襲来」石巻地方の記録．三陸河北新報社．2011.5.24．pp.92.

文献4：河北新報社「東日本大震災　全記録」―被災地からの報告―河北新報社．2011.8.5．pp.255.

文献5：東北建設協会編「2011.3.11．東日本大震災　津波被災前・後の記録」宮城・岩手・福島　航空写真集．河北新報出版センター．2011.4.8．pp.128.

文献6：「3.11　記録と記憶をつないで、次代へ、世界へ」東北大学東日本大震災記録集．Pp.1-112．平成25年10月1日．東北大学災害対策推進室編集

文献7：第3章東北大学の復興支援活動と大学教育の将来「東日本大震災と大学教育の使命」pp.91-114．東北大学高等教育開発推進センター編．2012年3月30日．東北大学出版会．

文献8：水産庁「平成23年度水産白書」第1部平成23年度水産の動向、第1章特集東日本大震災〜復興に向けた取り組みの中に見いだす我が国水産業の将来、第1節東日本大震災の地震と津波による甚大な被害、（2）水産業に関連する被害．2012年（平成24年）

文献9：東北マリンサイエンス拠点形成事業（海洋生態系の調査研究）HP：http：//www.i-teams.jp/j/index.html

文献10：木島明博・木暮一啓・北里洋「東北マリンサイエンス拠点形成事業（海洋生態系の調査）の復興への取り組み．学術の動向．2015.8．pp.18-23.

第二章　東日本大震災と東北大学の教養教育

文献11：木島明博「東日本大震災後の三陸の資源回復動向に寄せて」ビオフィリア
　　　　電子版 No.16. 2016.1.10. pp.22-32.
文献12：Kijima, A., Kogure, K., Kitazato, H., Fujikura K.（2017）Reconstruction and
　　　　Restoration after the Great East Japan Earthquake and Tsunami -Tohoku Eco-
　　　　system-Associated Marine Sciences Project Activities-, in "The 2011 Japan
　　　　Earthquake and Tsunami : Reconstruction and Restoration" eds. By Vicente
　　　　Santiago-Fandino et.al., pp.279-290（2017）. Springer, ISSN 1878-9897, ISSN
　　　　2213-6959（electronic）.
文献13：芳賀満. 第 13 章　心不可得〜予告された殺人の記録を超えて. 水原克敏・
　　　　関内隆編.「今を生きる、東日本大震災から明日へ！　復興と再生への提言」
　　　　2. 教育と文化. 東北大学出版会. pp.227-255. 2012.9.28.

第三章　3.11 以後の科学・教育・物語り
―K さんへの手紙―

野家　啓一

冠省

　K さん、久しぶりのお便り、嬉しく拝読しました。だいぶ前に仮設住宅を出られて、現在は新しく建てられたご自宅に落ち着かれたとのこと、ご同慶のいたりです。

　早いものですね、あの東日本大震災からもう 7 年にもなります。震災では私自身も被災者となり、仙台市若林区の自宅は全壊と判定されて「罹災証明書」なるものを交付される身となったことを昨日のことのように思い出します。しかし被災の程度は、沿岸部に居住されていて津波の被害に遭った方々とは比べものにもなりません。柱が傾いた自宅の後片付けをしながら、ふと K さんが若林区の海岸近くに住んでおられたことを思い出しました。むろん電話の通じるはずもなく、心配になって海岸の方へ向かって自転車を駆りましたが、東部道路と呼ばれている高速道から先は立ち入り禁止となっており、その近くでは漁船が道路に乗り上げており、田畑に何台もの自動車が逆さに突き刺さっている光景を目にして、それをただ茫然と眺めやるだけでした。

　しばらくしてから、思いがけずお電話をいただき、お互いに無事を喜び合いましたが、そのときに K さんが「箸一本まで流されました」とつぶやかれた声が、いまだに耳の底に重く残って離れません。津波の惨禍をこれ以上に端的に表現した言葉を私は今にいたるまで知りません。それから半年くらい経ってからのことだったでしょうか、ようやくお目にかかる機会を得て、震災当日のことや仮設住宅での暮らし、そしてご家族のその後のことなど、こもごも話し合うことができました。

　その折に K さんは、被災地の復興状況を伝える新聞やテレビなどマ

スコミの報道に対してボソリと不満を漏らされました。たしか、表面的なきれいごとを手際よく伝えるだけで、被災者の気持ちにはとうてい届いていない、という趣旨だったかと思います。また、専門家や学者の並べる御託はいつも「後知恵」ばかりだ、とも言われました。私はそれに対して、その通りかもしれないけれど、マスコミ関係者や専門家は被災当事者ではないのだから、報道やコメントが「客観的」になるのはある意味では仕方がない、それが不満なら被災当事者のKさん自身が発言するしかない、手段はいくらでもあるのだから、と反論してあなたに嫌な顔をされたことを覚えています。相変わらず学者先生が非現実的な理想論をぶっている、といわんばかりの表情でした。

　ただ、私の念頭にあったのは、現代ではワープロやインターネットをはじめ、ツイッターやフェイスブックなどのSNS、それにKさんお得意のデジカメやビデオカメラなど、素人でも表現手段はいくらでもあるのではないか、ということでした。つまり、誰でもが「語られる対象」であるだけでなく、「語る主体」になりうるのだと言いたかったのですが、Kさんの口から出たのは「俺にこの状況を記録する権利があるのだろうか」という思いがけない反問でした。その語調には「お前は文筆をなりわいとする口舌の徒だろうが、俺は違う」という暗黙の批判がこめられていて、私は沈黙せざるをえませんでした。

　今日このように筆を執ったのは、そのとき少々気まずい別れ方をしてしまい、おまけにKさんの反問になすすべもなかったという負い目をそそがねば、という気持ちからです。たしかにKさんは農業に携わるかたわら農協に勤めて事務職に就いておられる、文筆とは無縁の市井の生活者かもしれません。しかし、そのことと「語る権利」があるかどうかとは別の事柄です。とりわけ東日本大震災のような数百年に一度の大きな出来事に遭遇したわれわれのような被災当事者にとって、それについて語ることは「権利」の問題ではなく、むしろ「義務」というべきだと私は考えています。

　また偉そうなことを言って、とKさんからは上から目線と批判され

第三章　3.11 以後の科学・教育・物語り

そうですが、そういえば以前 K さんから突き付けられていた宿題にまだお答えしていませんでしたね。たしか一つは、お前は科学哲学などという小難しい分野を専門としているのだから、この東日本大震災と東京電力福島原発事故を前にして、歴史的反省を踏まえて科学技術のこれからのあり方を指し示す必要があるのではないか、ということ。もう一つは、自分の息子も大学受験の年齢にさしかかっているので、お前は教育に携わる大学人として、震災を契機にどのような人材を育てようと思っているのか聞いてみたい、ということでした。どちらも一筋縄ではいかない問題でしたので、いずれ機会があったら、ということで別れてしまいましたが、ちょうどよい折ですので、書簡の形で積み残されていた宿題を果たしたいと思います。文面がいささか講義調になってしまいますことは、教師を務めている者の悪癖としてお許しください。

[科学・技術をどう考えるか]

今回の東日本大震災は東京電力福島原発事故を誘発することによって、単なる「天災」には留まらず「人災」の側面を浮き彫りにすることになりました。寺田寅彦は昭和 9 年（1934）に書かれた論考「天災と国防」のなかで、われわれが忘れがちなこととして「文明が進めば進むほど天然の暴威による災害がその劇烈の度を増すという事実」（寺田寅彦『地震雑感／津波と人間』中公文庫、2011）を指摘しながら、さらに次のように述べています。

　　文明が進むに従って人間は次第に自然を征服しようとする野心を生じた。そうして、重力に逆らい、風圧水力に抗するような色々の造営物を作った。そうして天晴れ自然の暴威を封じ込めたつもりになっていると、どうかした拍子に檻を破った猛獣の大群のように、自然が暴れ出して高楼を倒潰せしめ堤防を崩壊させて人命を危うくし財産を亡ぼす。その災禍を起させたもとの起りは天然に反抗する人間の細工であると云っても不当ではないはずである。災害の運動

57

第一部

エネルギーとなるべき位置エネルギーを蓄積させ、いやが上にも災害を大きくするように努力しているものは誰あろう文明人そのものなのである。（同前）

いま読んでも時代の隔たりを感じさせない、頂門の一針とも言うべき言葉だと思います。その意味で、あらゆる天災は人災にほかなりません。現代の科学・技術は寅彦の時代とは比較にならないほど発達していますが、その発達が逆に災害の重大さや被害の深刻さを招いているといえるでしょう。今度の原発事故は、そうした逆説の典型と言うべきものだと私は考えています。

（1）歴史的展望

ここで少し歴史を遡り、科学・技術の発達過程を振り返っておきたいと思います。現在われわれがイメージする「科学（science）」と呼ばれる知識体系とその方法が確立されたのは、16世紀後半から17世紀にかけてヨーロッパに生じた「科学革命」を通じてのことでした。それまで学問の中心は神学、哲学、歴史学、文献学などの「人文学（humanities）」に置かれていましたが、科学革命以降は知の玉座を自然科学が占めるにいたります。

ラテン語で「知」や「知識」を意味していた "scientia" という言葉が英語に移入されて "science" となり、それが「実験や観察という経験的手続きによって実証された法則的知識」という特殊な意味を獲得したのもこの時代のことでした。科学の方法はギリシアから受け継いだ論証精神とアラビアから輸入された実験技術が「仮説演繹法」という形に統合されることによって成立しました。そうした動向を象徴するのが、ガリレオの「宇宙という書物は数学の言葉で書かれている」という一句にほかなりません。つまり、宇宙には数学的秩序が存在し、それを数学的法則の形で定式化するのが科学の役割だという信念です。

17世紀の科学革命を通じて「知的制度としての科学」が成立したとすれば、「社会制度としての科学」を出現させたのは、19世紀半ばの第

二次科学革命でした。「科学者（scientist）」という言葉が W. ヒューエルによって新たに造語されるのも 1840 年代のことです。これは、それまで貴族や僧侶といった特権階級の余技であった科学研究が、いわば職業として成り立つようになったことを意味します。同時に、自然哲学（natural philosophy）と自然史（natural history）に大別されていた科学研究は、物理学、化学、生物学、地質学などの分野に急激に専門分化し始めます。地質学（geology）は 18 世紀末に、生物学（biology）は 19 世紀初頭に、それぞれ登場した分野名にほかなりません。

　こうした科学の専門分化と並行して、科学の諸分野には研究上の情報交換を主目的とした「専門学会」が次々と設立されていきました。イギリスだけを例にとっても、19 世紀半ばまでには鉱物学会、地質学会、化学会、天文学会など 12 の専門学会が創設されています。各学会は研究成果を共有するために定期的に学術雑誌（Journal）を刊行し、論文の品質管理を行うために同僚評価（peer review）によるレフェリー制度を導入しました。このような「制度化」を通じて、科学研究は社会システムのなかに組み込まれ、その不可欠の一部として定着して行ったわけです。科学研究がほぼ今日のような形を取り始めた 19 世紀半ばから末にかけての動向を「第二次科学革命」と呼んでいます。

　しかし、第二次科学革命の時期においても、いまだ「科学」と「技術」は分離したままでした。もともとヨーロッパでは、科学が大学で教授される「自由学芸（liberal arts）」のなかに位置づけられていたのに対し、技術は手仕事に類する「機械的技芸（mechanical arts）」として一段低いものと見なされていたのです。すでに進行していた産業革命にしても、その技術開発はアカデミズム（大学）とは無関係に行なわれました。興味深いことに、蒸気機関や水力紡績機を発明したワットやアークライトは研究者ではなく、「起業家（entrepreneur）」と呼ばれる市井の人々であり、大学教育とは無縁の存在でした。

　そうした状況は、技術教育や技術開発を行なう高等教育機関が大学の外に造られたことに象徴されています。フランスでは「理工科専門学校

第一部

(ecole polytechnique)」、ドイツでは「高等工業専門学校（Technishe Hochschule)」がそれに当たります。当時の大学は自由学芸を基盤とする伝統的な教育体系を墨守し、新たな技術知を容れる度量をもたなかったのだと言えるでしょう。面白いことに、欧米に先駆けて、大学（university）の一学部として最初に工学部を作ったのは、当時の帝国大学、今日の東京大学でした。日本には「技術」や「手仕事」に対する侮蔑的偏見がなかったからだ、と言われています。

　「科学」と「技術」が結びついていわゆる「科学技術」が成立するのは 20 世紀半ばのことに属します。「科学・技術（science and technology)」から科学理論を基盤とした技術開発、すなわち「科学技術（techno-science)」への転回だと言えるでしょう。その背景には、第一次大戦における飛行機、潜水艦、毒ガスなどの軍事技術の開発がありました。また、急速な産業社会の進展によって、科学そのものが J・ラベッツが『批判的科学』で指摘したように、「アカデミズム科学」から「産業化科学」へと変貌したことも大きな要素でした。それに伴って、科学研究もまた科学者個人の関心に基づいた「好奇心駆動型」から社会的ニーズに応える「プロジェクト達成型」へと転換していくことになります。

　そのモデルとなったのは、アメリカ政府が多額の資金を投入し、多数の科学者を動員して推進した原爆開発のプロジェクト「マンハッタン計画」でした。この計画の成功は、第二次世界大戦後のアメリカおよび各国の科学技術政策の方向を決定づけるものとなります。政府や企業が先端的な研究開発に資金を提供し、そのプロジェクトを請け負った科学者集団が一定の期限までに成果を出す、というシステムです。それと共に、研究スタイルも個人研究から共同研究が主流となり、有能な科学者は研究組織をマネジメントする「科学企業家」という性格を帯び始めることになります。また、研究成果の評価も、同業者による「同僚評価」のみならず、資金提供者に対する「社会的説明責任（accountability)」が求められることになっていきます。こうして 20 世紀の科学技術は、否応なく現実社会との密接な関わりを意識せざるをえない「トランス・サイ

エンス」への道を歩み始めるわけです。(「歴史的展望」に関する詳細は拙著『科学哲学への招待』［ちくま学芸文庫、2015 年］をご覧ください）

(2)「トランス・サイエンス」と「リスク社会」

　20 世紀後半の科学が置かれた状況を「トランス・サイエンス（領域横断的科学)」と名づけたのは核物理学者の A・ワインバーグでした。彼は科学の領域と政治の領域の境界が不分明になってきたことを指摘しながら、それを「科学によって問うことはできるが、科学によって答えることのできない問題群からなる領域」と定義しています（小林傳司『トランス・サイエンスの時代』NTT 出版、2007 年、123 頁）。具体的には、環境問題、BSE 問題、インフルエンザなどの感染症問題、原発の安全性問題、などがそれに当たります。つまり、事実の領域と価値の領域とが複雑に交錯し合うところから生ずる諸問題のことです。

　それまで科学や技術の知識は「価値中立的」であると考えられてきました。包丁が美味しい料理にも残虐な殺人にも使われるように、科学技術は社会によって善用もされれば悪用もされる、ということです。広島・長崎を破壊し尽くした原子爆弾と「夢のエネルギー」と称えられた原子力発電もまた、核エネルギーという「両刃の剣」の二つの側面と見なされてきました。

　しかし、20 世紀後半の巨大化した科学技術には、そうした単純な善悪二元論に基づく切り分けは通用しません。「トランス・サイエンス」の時代には、科学と政治・経済・文化の領域が分かち難くからまりあって複雑な様相を呈しているからです。それを科学社会学者の J. ラベッツは「解決には科学は必要だが、科学だけでは十分ではない、新しい政策の時代」（『ラベッツ博士の科学論』こぶし書房、2010 年、110 頁）が到来したと表現しています。先端的な科学技術の開発と導入は、科学だけでは解決できない、何らかの政治判断が必要な社会的リスクを伴い、それと表裏一体となっているということです。

　ドイツの社会学者 U・ベック（彼はドイツの原発政策の是非を問う、メルケル首相が立ち上げた倫理委員会の主要メンバーでした）は、その

第一部

ような現代社会のあり方を「リスク社会（Risikogesellshaft）」として特徴づけています。19世紀までの政府の役割は税制を通じて富の再分配を行なうことであったが、現代の政府は科学技術の発達による社会的リスクの公平な分配を行なわねばならない、というわけです。彼はそれを「貧困社会における富の分配の論理から、発展した近代におけるリスクの分配の論理への転換」（U・ベック『危険社会』法政大学出版局、1998年、23頁）と呼んでいます。たとえば、ゴミ処分場は社会的に必要不可欠な施設ですが、同時に近隣住民は一定のリスク（そこから放出されるダイオキシンなどの化学物質による影響）を引き受けねばなりません。こうした総論賛成・各論反対の事案について、リスクの公平な配分を行なうのが政府の役目だというわけです。もちろん、海沿いの過疎地だけが選ばれてきた原発立地の問題も、その例に洩れません。

　新たな科学技術の導入に際して、テクノロジー・アセスメントの必要性が叫ばれているように、今日のわれわれは当事者としてのリスク評価とそれに基づく価値判断を求められているわけです。これまでは、そのような判断は専門知識をもった専門家に任せておけばよいと考えられていました。しかし、トランス・サイエンスの時代にあっては、専門家と非専門家（素人、市民）との区別は流動的になります。先端の科学技術の専門家であっても、その社会的リスクを評価する政治・経済の領域では素人にすぎないからです。福島原発事故直後にテレビでコメンテーターを務めていた「専門家」の右往左往ぶりを、Kさんも覚えておられることでしょう。しかも、環境問題、BSE問題、原発事故などの例を挙げるまでもなく、これらの社会的リスクに関しては、専門家ではなく一般市民（地域住民）がステークホルダー（利害関係者）とならざるをえません。科学技術の領域での「専門家支配」からの脱却とその「シビリアン・コントロール」が求められる理由がここにあります。

　実際、東日本大震災の翌年、平成23年7月に刊行された『科学技術白書』には、東京電力福島原発事故の影響もあってか、文部科学省の文書にもかかわらず、科学技術政策について専門家と市民との「対話」や

62

第三章　3.11以後の科学・教育・物語り

「参画」あるいは「相互理解」といった方向が色濃く打ち出されています。これは従来の専門家主導の政策立案から「シビリアン・コントロール」の方向への一歩を示唆するものと言えるでしょう。

　もちろん「シビリアン・コントロール」といっても、市民が専門家と同等の科学知識をもつべきだ、ということではありません。必要なのは、専門家による平明な説明を理解する能力（科学リテラシー）と、それに対して率直に市民感覚からの疑問を提起する能力（社会文化リテラシー）です。モデルとしては、医療現場における医師と患者との間の「インフォームド・コンセント」の仕組みを挙げることができるでしょう。患者が自分の病状と治療の選択肢について医師から十分な説明を受け、疑問点を質したうえで、セカンド・オピニオンを含めてみずから治療方針を選択する（自己決定）、というシステムのことです。

　ただし、医療の現場では最終的に患者の自己責任に基づく自己決定という形で選択がなされますが、科学技術に関する問題については合意に基づく「社会的決定」がなされねばなりませんし、その結果について将来世代に対する責任を負わねばなりません。しかも、社会的決定は「科学的合理性」のみに依拠するわけにはいかず、「社会的合理性」をも考慮せねばならないので単純ではありません。たとえば安全性に関するリスク評価は、通常「損害の発生確率」に「損害の大きさ」を掛け合わせて算出されますが、科学的「安全」が社会的「安心」を保障するとは限りません。たとえ低レベル放射能によるガンの発生率が科学的にはわずかであるとしても、被害を受ける個々人にとっては人生を左右する「1」か「0」かの問題だからです。このようなトランス・サイエンス的な問題については、そのリスクが社会的に受容可能であるか否かについて、情報を開示したうえでの公共的議論が必要となるわけです。

　事実、デンマークでは「コンセンサス会議」という形で、社会的リスクをめぐる公共的議論のシステムが科学技術に関する政策決定に際して機能しており、わが国でもそれに類する会議方式が遺伝子治療や高度情報社会のあり方をテーマに試行的に始まっていいます（小林傳司『誰が

第一部

科学技術について考えるのか』名古屋大学出版会、2004年）。そうした試みを基盤に、リスク社会においてどのような手続きで合意形成を行い、公共的決定のためのルール作りを行うかが、今後のわれわれに突きつけられている課題なのです。

［大学教育と人材育成］

　さて、いささかうんざりしたKさんの顔が目に浮かぶようですが、あとで時間のある時にでも読んでくださって結構ですので、もう少し話を続けさせてください。いま一つの宿題は、ご子息の将来にも関わりのある、大学における人材育成の問題でした。

　東日本大震災とそれに伴う福島原発事故は、これまでわれわれが自明のものとして受け容れてきた価値観を大きく揺さぶるものでした。別に「価値観」といっても難しいことを考えているわけではありません。価値とは「かけがえのない物や性質」のことであり、それゆえ価値観とは、何を大事なものと見なすかに際して基準となる考え方のことにほかなりません。幾つかの選択肢がある場合、われわれはそれぞれの価値観に基づいて優先順位を決め、それに従って選択し、行動します。被災した福島の地で、放射能に汚染された田んぼで米を作り続けているお婆さんや、売れないことを分かっていながら牛を飼い続けているお爺さんの姿がテレビに映し出されていましたが、それも彼／彼女らの価値観に基づく優先順位の結果であることは言うまでもありません。そして価値観が大きく転換すれば、当然ながら優先順位もまた組み換えられることになるでしょう。

　そのように考えれば、近代日本においては三度ほど目覚しい価値観の転換があったと言えます。第一はもちろん明治維新によって、封建制度と鎖国から文明開化と近代国家へと大きく舵が切られたことです。第二はアジア・太平洋戦争における敗戦と戦後復興であり、これによって日本は軍国主義から民主主義への道を歩み始めました。第三は1970年代半ばのオイル・ショックによって高度経済成長から減速経済・安定成長

第三章　3.11 以後の科学・教育・物語り

への路線転換を余儀なくされたことです。これを通じて「環境問題」への関心が高まり、「持続可能社会」の実現が喫緊の人類的課題となりました。今回の東日本大震災と東京電力福島原発事故は、それに続く第四の転換点と言うことができます。それは科学技術に依拠した近代文明のあり方と、エネルギーの大量消費に依存したわれわれのライフスタイルそのものに問いを突きつけ、優先順位の組換えを迫っているのです。

　とりわけ、レベル 7 という最悪の原発事故とその事後処理の遅滞は、政府発表や科学者の発言に対する「信頼の危機」をもたらしました。これまで原子力発電は「安全（ゼロ・リスク）」、「安価」、「クリーン・エネルギー」と喧伝されてきましたが、そうした神話が虚構にすぎないことが白日の下に明らかになったわけです。しかも原発事故は、一度起ってしまえば、その影響は未来の何世代にも及びます。現に福島の一部地域では、大気、土壌、水、食料など人間の生存条件そのものが汚染と破壊にさらされました。その結果、住民は住み慣れた故郷やコミュニティを放棄して移住を強いられ、歴史の積み重ねによって築かれてきた地域文化も消滅の憂き目に遭っているのです。生命圏と生活圏をともに回復不能にする最悪の環境破壊と言うほかはありません。

　そもそも原子力は、高レベルと低レベルとを問わず、放射性廃棄物（核のゴミ）の処理方法さえ完成されていない不完全な技術です。しかも、放射性物質の半減期はプルトニウム 239 では 2 万 4,000 年、その原料となるウラン 238 では 45 億年と、ほぼ地球の年齢に匹敵する長さです。実際、核のゴミの地層処分（地下埋設）を実施しているフィンランドでは、映画『100,000 万年後の安全』が示すように、その危険性を 10 万年後の人類（？）にどうやって伝達するかの手段が真剣に議論されているという有様です。こうした途方もない期間の安全管理を必要とする放射性物質と人類が共存できるとは思われません。それは子孫に「美田」ならぬ「醜田」を残す行為であり、世代間倫理すなわち「未来世代への責任」という見地からも許されることではないでしょう。だとすれば、原発の存廃についてわれわれが進むべき方向は明らかなはずです。

65

第一部

　少なくとも東日本大震災と福島原発事故以前には、このような問題は
切実な実感を持って議論されてはきませんでした。たしかに「科学コミュ
ニケーション」の必要性が叫ばれ、大学や学術会議を中心に「サイエン
ス・カフェ」や「サイエンス・アゴラ」などの啓蒙活動が試みられ、一
定の成果を挙げてもいます。しかし、そのほとんどは理科離れ防止のた
めに小中学生に「科学の楽しさ・面白さ」を伝えるという方向に力点が
置かれてきました。他方で科学の不確実性と可謬性（たとえば地震予知）、
技術の不完全性（たとえば放射性廃棄物の処理）に伴う社会的リスクを
明確に伝えるという「リスク・コミュニケーション」の面はなおざりに
されてきた、と自戒の念をこめて言わざるをえません。

　すでにさまざまな形で報じられていますように、福島原発事故の事後
処理をめぐる政治家、官僚、科学者、東電社員など、いわゆる原子力村
エリートの迷走ぶりを目にし耳にするにつけ、そうした卒業生を送り出
してきた、大学のこれまでの人材育成のあり方を深く反省せざるをえま
せん。現在必要とされているのは、トランス・サイエンス的問題に正面
から取り組める人材、すなわち科学技術の「リスク評価」を公正に行い、
それに基づいて社会的な「価値判断」のできる専門的職業人にほかなり
ません。それを学問の知と生活世界の営みを媒介するコミュニケーター、
と言い換えることもできるでしょう。

　そのためには、すでに幾つかの大学で試みられているような、大学院
におけるリベラル・アーツ教育を積極的に推し進める必要がある、と私
は考えています。教養教育は、むしろ専門家の卵である大学院生のカリ
キュラムの中にこそ組み入れられるべきなのです。もともとリベラル・
アーツ（自由学芸、自由七科）が目標としていたのは、それが三科（文
法学、修辞学、論理学）と四科（算術、幾何学、天文学、音楽）から構
成されていたように、総合知を目指す文理連携型の教育でした。

　それゆえ、文系の大学院生には「科学リテラシー」を、理系の大学院
生には「社会文化リテラシー」を学ばせるべきだというのが私の持論で
す。科学リテラシーとは、科学的思考法と自然界の仕組みについての基

66

第三章　3.11 以後の科学・教育・物語り

本的知識のことであり、社会文化的リテラシーとは、自分の専門分野を
取り巻く社会制度とその歴史的・文化的背景を理解することを意味しま
す。文系の学生であっても、そもそも半減期の概念を知らずに原発問題
を論ずることはできませんし、理系の学生であれば、自分が取り組んで
いる遺伝子組換え実験の社会的影響について無知であってはすまされま
せん。現代は誰もがトランス・サイエンスの当事者とならざるをえない
時代であり、大学に求められているのは、リスク評価を含めた基本的な
科学的知識と健全・公正な社会的判断力をともに備えた人材の育成にほ
かなりません。私自身も、定年退職後に「教養教育院」という組織の一
員として新入生に、またリーディング大学院「グローバル安全学」に所
属する大学院生たちに、ささやかながらそうしたことを伝える努力をし
てきたつもりです。大学を目指しておられる K さんのご子息にも、い
ずれ何らかの形でコンタクトできる機会があれば幸いと思っています。

［物語るという行為］

　だいぶ長文の手紙になってしまい、K さんの忍耐もそろそろ限界に達
しかけていることと思いますが、最後に冒頭で触れて尻切れトンボに
なってしまった「語る義務」についてもう少し敷衍して締め括りとした
いので、どうかお付き合いください。

　震災以後読まれるようになった『方丈記』ではありませんが、われわ
れは皆「歴史」という奔流のただ中に身を浮かべて流されつつ生きてい
る、うたかたのような存在にすぎません。しかし、その歴史の奔流を泳
ぎ切り、向う岸へとたどり着いて生き延びるすべを次の世代に伝えるこ
とは、われわれ現存世代の義務と言うべきでしょう。それを「世代間倫
理」の問題と言うこともできます。私は前に拙著『物語の哲学』（岩波
現代文庫）という本の中で、人間は「物語る動物」であり、歴史とは物
語りによって支えられた「共同体の記憶」だと書いたことがあります。

　そのときに歴史の原型としてイメージしていたのは、夕食の後に囲炉
裏を囲んだ子や孫を相手に、自分の体験を物語って聞かせている故老の

67

姿です。私の子ども時代には、田舎にあった親戚の家の座敷にはまだ囲炉裏が切ってあり、そこでお爺さんから日露戦争の話やシベリヤ抑留中に行方不明となった叔父のことを聞いた記憶があります。もちろん、物語りには誇張や省略がつきものですし、話に尾鰭がつくことも稀ではなかったでしょう。しかし、そうした無数の物語りの中からしか、歴史がその姿を現わすことはありません。

　いわば歴史とは、記憶と忘却とが闘うせめぎ合いの土俵であり、忘却に抗する唯一の手段こそ言葉による伝達、すなわち「物語り」による記憶の相続なのです。遺産相続は金品によってなされるものとは限りません。つまり、みずからの経験を「語り伝える」という行為は、それ自体が次の世代に対する「贈与」なのです。それは将来世代の災厄を回避して幸福を願う、無償の言語行為であり、同時に「記憶せよ」という定言命法だとすら言えるでしょう。先に「世代間倫理」と呼んだゆえんです。

　話が小難しくなってきて、Kさんからまたまた「これだから学者さんは困る…」と叱られそうですので、話題をスリランカの小学生の方へ向け換えましょう。これはしばらく前にNHKの「視点・論点」という番組で紹介されていたことですが、2004年のスマトラ沖津波で大きな被害を受けたスリランカで行われている小学生への防災教育の話です。それには東日本大震災の教訓も生かされています。この防災教育は、小学生に次の四つの作業を実践させることから成り立っています。

1）作文を書く

2）体験談を聞く

3）「前の日に戻ったら何をするか」を考える

4）洪水マップを作る

　最初の「作文を書く」ことですが、これは自分の体験を言葉で表現することであり、被災経験を「物語る」ことにほかなりません。誰しも誕生から現在にいたる一つの「自己物語り」を背負っており、その「自己イメージ」に即して日々の行為を選択し、生きています。しかし、突然に襲ってくる災害は、その自己物語りを引き裂き、これまで整合性を保

持してきた自己の存在を寸断します。「作文を書く」、すなわち「物語る」という行為は、その断裂した自己を再構築し、自己物語りを紡ぎ直すことに相当します。その意味で、「物語る」という行為は、他者に伝えるためだけでなく、自己の再建のためでもあるのです。

二番目の「体験談を聞く」は、言うまでもなく他者の経験をわが身に引き受け、その教訓を継承することです。沖縄戦のひめゆり部隊や広島・長崎の被曝体験にも、「語り部」と呼ばれる人たちがいて、その経験を次の世代に語り伝えています。アウシュヴィッツの悲惨な体験をした人々の中にすら、そうした役割を自ら引き受けている人がいることは、ご存じの通りです。先に、囲炉裏端での故老の問わず語りの中に歴史の原型を見定めたい、と言いましたが、そうした物語りの連鎖のなかで初めて、世代を超えた体験の継承がなされていくと言ってよいでしょう。そうした持続的行為が途切れ、失われてしまえば、われわれは歴史を肌で感じ、それを生きることができなくなります。言うまでもなく、歴史を失うことは、人間が人間でなくなることにほかなりません。その意味で、自らの経験を物語り、聞いてもらうことは次の世代に対する責任であり、現存世代の「義務」なのです。

もう一つ、「聞く」という行為は、鷲田清一さんが『〈聴く〉ことの力』（TBS ブリタニカ、1999、11 頁）の中で的確に指摘していますように、「他者のことばを受けとる行為」であり、他者とつながる何よりも大事な手段です。震災の折に避難所や仮設住宅で「傾聴」という営みが強調されていたことを覚えておられるかもしれません。自己を主張せず、ひたすら被災者の方々の話に耳を傾けること、それによって相手も自らの物語りを紡ぎ出しつつ癒される、という機微を「傾聴」という言葉は表しているに違いありません。それからすれば、「物語る」ことと「傾聴する」こととは、表裏一体の事柄、不可分の行為と言うべきかもしれません。

三番目の「前の日に戻ったら何をするか」を考える、という実践に触れて、私は虚を突かれる思いがすると同時に、深く納得した次第です。

第一部

それは、災害を経験する以前の日常を取り戻す、ということに繋がっているからです。かなり前のことになりますが、「書かれざる一章」や「地の群れ」といった作品で知られる作家井上光晴に『明日』という小説があります。映画やテレビドラマにもなりましたので、Kさんも覚えておられるかもしれません。これは「1945年8月8日・長崎」という副題がついているように、8月9日の米軍による原爆投下を明日に控えた、その前日のありふれた庶民の一家の様子を描いたものです。小説は、その日の朝に生れた赤ん坊の描写で、次のように唐突に終わります。

　　8月9日、4時17分。私の子供がここにいる。ここに、私の横に、形あるものとしているということが信じられない。髪の毛、二つの耳、小さな目鼻とよく動く口を持ったこの子。私の子供は今日から生きる。産着の袖口から覗く握り拳がそう告げている。（改行）ゆるやかな大気の動き。夜は終り、新しい夏の一日がいま幕を上げようとして、雀たちの囀りを促す。(井上光晴『明日』集英社文庫、1986、212頁)

　この赤ん坊の運命がどうなったかは語られておらず、読者の想像に任されています。ただ、そこにいたるまでの日常生活の叙述を通じて、この家族が大切にしていた日常がいかなるものであったか、原爆投下によって何が失われたのかが何よりも雄弁に浮き彫りにされています。
　東日本大震災に際して書かれた「被災の手記」(『世界』別冊、826号)のなかで、放射能汚染の危険に晒された宮城県丸森町の北村みどりさん（54歳）は、福島原発の過酷事故が起こるまで「今日の続きの明日が、去年の続きの今年がやってくると思っていました」と述べています。また福島県相馬市の阿部庄一さんは手記に「三月一一日以前に戻りたい」というタイトルを付けています。そこにはまさに、三月一一日を境にした連続と断絶への思いが込められています。「前の日に戻ったら何をするか」という問いかけは、その意味でわれわれが何を失い、何を取り戻

70

第三章　3.11 以後の科学・教育・物語り

すべきか、そして日常性の限りない重みを教えてくれているのです。もっとも、私の場合は、大震災の前の日（3月10日）は亡母の葬儀の日でしたので、前の日に戻りたいとは思っておりませんが。

　最後の「洪水マップを作る」については、付け加えることはないでしょう。むしろこれは、自宅を失われたKさんにとってこそ、切実な作業のはずです。

　非常識なほど長い手紙になってしまいましたが、「俺にこの状況を記録する権利があるのだろうか」というKさんの反問に、遅ればせながら答えたことになったでしょうか。私としては、被災当事者であるKさんが「語り部」として、スリランカの小学生たちに負けずに物語ってくださることを切に願っています。カメラ好きのKさんなら、お得意の物語りは映像入りのデジタル記録でしょうか、それを肴にそのうち一杯やりたいものです（もっとも、私は半年ほど前に心筋梗塞の発作に襲われ、医者から「酒はほどほどに」と注意されておりますが）。

　いずれまた、お目にかかって反論を伺う機会を楽しみにしております。

草々不一

【参考文献】

井上光晴『明日』集英社文庫、1986
小林傳司『トランス・サイエンスの時代』NTT 出版、2007
小林傳司『誰が科学技術について考えるのか』名古屋大学出版会、2004
寺田寅彦『地震雑感／津波と人間』中公文庫、2011
野家啓一『科学哲学への招待』ちくま学芸文庫、2015
野家啓一『物語の哲学』岩波現代文庫、2005
野家啓一『歴史を哲学する』岩波現代文庫、2016
鷲田清一『「聴く」ことの力』TBS ブリタニカ、1999
U・ベック、東廉・伊藤美登里訳『危険社会』法政大学出版会、1998
J・ラベッツ、中山茂訳『批判的科学』秀潤社、1977
J・ラベッツ、御代川貴久夫訳『ラベッツ博士の科学論』こぶし書房、2011
『世界』別冊、826 号、2011 年

第二部

第四章　東北地方太平洋沖地震・津波、福島第一原子力発
　　　　電所事故による食の生産基盤の損壊と復旧
　　　　—6年後のいま

Damages to food production base from the 2011 Tohoku earthquake and
tsunami and the accident at the Fukushima First nuclear power plant, and
their recoveries—Situations after six years

前　忠彦

はじめに

　2011年3月11日、東北地方の太平洋沖を震源域とする大地震が発生
し激震が東日本一帯を襲った。それにより引き起こされた巨大津波は北
海道南部から東北・関東地方に至る太平洋沿岸域を襲い、食の生産基盤
を大きく破壊した。また、この地震と津波が引き金となって東京電力福
島第一原子力発電所（福島第一原発）で未曽有の放射能汚染事故が発生
した。放出された放射性物質は福島県を中心に広く拡散し、農地（水田、
畑、樹園地、牧草地）や漁場（海、河川、湖沼）を汚染して、我が国の
みならず海外の国々を含め、食の安全・安心を揺るがす深刻な事態を引
き起こした。

　東日本大震災から6年が経過した。この間、地震や津波に襲われた農
地は、どのような歩みをたどり、どの程度まで復旧したのであろうか？

　また、放出された放射性物質により汚染された農・水産物の生産現場
では、食の安全に向けてどのような対策が取られたのであろうか？

　本章では、東日本大震災後の6年間における「食の生産現場での復旧
への取り組み」を中心に解説するとともに、それを支える科学的背景と
現状について述べる。

　読者が本章を通読することにより「自然災害」と「原子力発電所事故」
について多面的視野から見る一助になればと思う。

第二部

第一節　東北地方太平洋沖地震と巨大津波、東日本大震災

　2011（平成 23）年 3 月 11 日 14 時 46 分、宮城県沖を震源域としたマグニチュード（M）9.0 の巨大地震が発生した。日本周辺では観測史上最大、世界でも百年に数回しかない規模の地震である[1]。牡鹿半島の東南東 130km、仙台市の東方沖 70km の地下深部を起点に巨大な断層が動き、大きな地殻変動とともに巨大津波が引き起こされた。岩手県沖から千葉県沖まで南北約 500km、東西約 200km に及ぶ範囲で海底の起状が変化、海水は大きく揺さぶられ、最大 10m を優に越える高さの津波が沿岸部に押し寄せた[2]。

　気象庁により「東北地方太平洋沖地震」と名付けられたこの巨大地震は、激しい揺れがきわめて広い地域で長時間続き北海道東部から中部地方まで震度 4 以上が観測された。宮城県北部の栗原市では最大震度 7、また震度 6 強や 6 弱の揺れが岩手県から茨城県にかけて記録された[3]。津波は、北海道から東北、関東地方に至る太平洋側沿岸域を襲い、とくに宮城県、岩手県、福島県の沿岸地域に甚大な被害をもたらした。

　仙台平野では、津波が海岸から 4–5km 離れた内陸部まで押し寄せ、また三陸海岸では最大約 40m の高さにまで遡上したところもあった[1]。平野部では、津波が防災林をなぎ倒して農業地域を襲い農地、農業施設、建屋を破壊し、さらに商工業地域、住宅地域、市町村中心部にまで襲来した。

　港や漁港のある地域では、津波が沖防潮堤、港防波堤を超えて町の奥深くまで侵入し、船舶や港湾施設とともに商業施設、学校、公共施設（病院、町役場、市庁舎等）、一般民家を襲った。また、地震とその余震による揺れで液状化現象、地盤沈下、ダムの決壊などが起こった。

　政府は、東北地方太平洋沖地震とそれに伴って発生した巨大津波およびその後の余震により引き起こされた大規模災害を「東日本大震災」とした。東日本大震災の人的・物的被害は甚大で、戦後最大となった。死者・行方不明者は併せて 1 万 8,440 人（2017 年 12 月 8 日の時点、震災関連死を除く）となり、その 9 割以上は津波による犠牲者であった[4]。

第四章　東北地方太平洋沖地震・津波、福島第一原子力発電所事故による食の生産基盤の損壊と復旧

震災に関連するストレス等が主な原因で震災後に亡くなった震災関連死は、3,523人（2016年9月30日の時点）となった[5]。建築物の全壊・半壊は、合わせて40万827戸、避難者は、震災発生直後のピーク時には30万人以上となった。

　政府は、東日本大震災の推定被害総額を16.9兆円と試算した（福島第一原発事故関連の被害を除く）[6]。これは、我が国の平成23年度一般会計予算（92兆4,116億円）の17%に当たる。

第二節　地震・津波による農林水産業関連の被害

　農林水産業関連の推定被害総額は、農林水産省により2兆3,841億円と見積もられた[7]。これは、阪神大震災の約26倍、新潟県中越地震の約18倍である。以下、被害の内容について詳しく見てみよう[7,8]。

1.　被害

ア．農地

　農地の損壊は被災地全体で1万8,186箇所であった。津波による表土の流失・冠水などの被害を受けた農地は6県（青森県、岩手県、宮城県、福島県、茨城県、千葉県）の合計で約2.1万haとなった。この面積は琵琶湖のほぼ三分の一の面積に相当する。大規模な被害は宮城県、福島県の両県に集中し、その大部分が水田（90%弱）であった。

イ．農業用施設等

　農業用施設等の損壊は、1万7,906箇所であった。農業用水路、揚水機場（主幹水路への用水の汲み上げ・排水を行う大型ポンプを備えた施設）、ため池などの水利用に関わる施設が著しく損壊した。これら施設の損壊は、水田に滞留する冠水（海水）の排水や除塩作業（海水の流入により高塩分濃度となった土壌から塩分を除く）に支障をきたすこととなり、農地の復旧を大幅に遅らせる要因となった。農家の被害も大きかった。ビニールハウス、温室、作業場等の農業施設や住居、田植え機、トラクター、コンバイン、軽トラック等の農業機器類を流失・損壊し生産

第二部

活動ができなくなった。沿岸部のみならず東北内陸部、栃木県、長野県、新潟県などでは地震による被害も少なくなかった。

ウ．家畜・家禽および畜舎等

　畜産農家においては、畜舎、鶏舎、飼料タンク、堆肥舎等の施設の流失・損壊、飼養家畜や鶏の死亡・傷害等による被害が生じた。また、ガス・水道・電気等のライフラインの寸断および交通機関のマヒ等により、飼料供給が滞り家畜が餓死・衰弱するとともに、出荷できない牛乳の廃棄などの事態も生じた。

エ．林野業関係

　津波により海岸防災林の被害が253箇所で発生した。木材加工・流通施設の被害、山林荒廃等の被害もあった。

オ．水産業関係

　水産業に関連しては、宮城県、岩手県、福島県を中心に被害が発生した。津波により、漁船、漁具、漁港と関連施設、養殖施設・養殖物（カキ、ワカメ、ノリ、サケ、ホタテ、アワビ等）、水産物加工施設等が流失、損壊し、街そのものが破壊された。港内には大量の様々な種類の瓦礫が流れ込み一部は海底に沈み障害物となって復旧の妨げとなった。また、道路や橋が壊れて交通網が遮断され、物流が滞った。地盤沈下が多くの漁港で発生して岸壁が沈み、災害後しばらくの間、漁獲物等の陸揚げが困難になった。

　全国の漁業生産量の5割を占める7道県（北海道、青森県、岩手県、宮城県、福島県、茨城県、千葉県）を中心に生じた水産業全体の推定被害総額は、1兆2,637億円となった。

第三節　津波被災農地の復旧対策と6年後のいま

　被災地は「日本の食糧基地」として重要な位置を占めている。被災農地の速やかな復旧が、生産者からは営農活動再開のため、消費者からは食資材の安定供給の点から強く求められた。大震災直後は、水道、ガス、電気、道路等のライフライン関連施設の復旧や仮設住宅の建設等が最優

第四章　東北地方太平洋沖地震・津波、福島第一原子力発電所事故による食の生産基盤の損壊と復旧

先で行われ、農林水産業関係の復旧工事が本格的にスタートするまでにはかなりの時間を要した。

　農地の津波被害状況は、次の5通りに大別された。(1) ほぼ海水のみの流入…農地土壌の塩分濃度が高くなることによって作物の生育が阻害されるため除塩処理が必要、(2) 海水の流入＋海底の泥土（ヘドロ）や土砂の堆積…除塩処理に加えて堆積したヘドロ・土砂の除去あるいは無害化処置が必要、(3) (2) ＋瓦礫…農地に流れ込んだ倒木や損壊した家屋、車など様々な種類と大きさの瓦礫の除去が必要、(4) 地盤沈下による大量の海砂の流入…海砂の除去、農地のかさ上げ等の大がかりな土木工事が必要、(5) 津波による作土の浸食…栄養分の乏しい下層土が露出しているため、客土（山土などを運び入れる）をしてまた肥沃な土壌を作り直すことが必要。以上の5項目以外にも、地割れや段差の発生などの被害もあった。以下、宮城県の例を中心に、農地の復旧対策の実際について見てみよう[9,10]。

　宮城県では海岸から4-5km離れた内陸部まで津波が達し、その被害面積は仙台平野の沿岸部を中心に1万5,002haに及んだ。東日本大震災による津波被災農地全体の約2/3を占め、そのほとんどが水田であった。被災の程度は海岸からの距離や立地条件により様々であった。海岸近くの津波被災農地では瓦礫の流入とともにヘドロ・土砂が作土の上に数センチから最大32センチの厚さで堆積した。用水路にも瓦礫やヘドロ・土砂が堆積し、通水不能となり除塩作業の大きな妨げとなった。また、沿岸部に配置されていた排水機場が壊滅的な被害を受け、水田に流れ込んだ海水や除塩作業で生じた処理水の海への排水ができなくなっていた。このため、農地の本格的な復旧処置に先立って、用水路の復旧、揚水機場の復旧ならびにため池・ダム・河川等の水源施設の復旧が必要とされた。農地の本格的な復旧工事が開始されたのは、翌年の2012年からである。

第二部

1. 瓦礫の撤去

　津波被災農地には、現代の生活や産業を反映して多様な種類の瓦礫が大量に流入していた。それぞれの地域によって農地に隣接する状況（工場地帯や港、防風林や住宅地など）が異なり、瓦礫も船や車、倒木や家屋の破片、木材、金属、ガラス、プラスチックなど様々な種類と大きさ、形状で農地に混在し堆積していた。瓦礫処理は、最初に大きな瓦礫が大型重機を使用して除去された。中・小の瓦礫は重機やボランティアの人々も加えた多大な人力により取り除かれた。表土に混入していた小さな木、プラスチック、ガラス、金属などの瓦礫小片は、表土を一旦削り取って集め、移動式ふるい（篩）機等にかけて除去された。

2. ヘドロ・土砂堆積物の処理

　津波によって運ばれた海底由来の泥土は、塩分濃度が極めて高く、場合によっては硫黄やマグネシウム、ホウ素などの成分を多く含むことがある。塩分やホウ素の大部分は、雨水や多量の水をかけ流す除塩処理により比較的容易に除くことができるが、硫黄成分（硫化鉄やパイライト（黄鉄鉱）として存在）は除塩処理後も土壌中に残り易く、酸素に富む酸化的な条件下（畑地状態）では硫酸イオンに変化して土壌を酸性化し作物生育の阻害要因となる。また酸素が乏しい還元条件下（水田状態）では硫化水素となって根腐れを誘発して収量を押し下げる要因となる。作物による過剰のマグネシウムの吸収は、体内のミネラルバランスを乱し生育を阻害する。宮城県では、泥土の作物生育に対する阻害要因を回避するため、作土表面から 2cm を超えて堆積した泥土・土砂は、除塩処理に先立って機械的に剥ぎ取り除去することにした。また、マグネシウムの過剰吸収を抑えるためカルシウム資材の土壌への投与を推奨した。

3. 除塩処理

　海水は種々の成分を含むが、その大部分は塩化ナトリウムである。海

第四章　東北地方太平洋沖地震・津波、福島第一原子力発電所事故による食の生産基盤の損壊と復旧

水中ではナトリウムイオン、塩素イオンとして水に溶けた状態で存在する。海水の塩分濃度はおよそ3.5％でイネなどの作物が何とか成育できるとされる濃度の0.1％をはるかに超えている。

　土壌の高い塩分濃度が植物成育を阻害する主な要因は、①根による吸水の阻害、②高浸透圧による根細胞の脱水に起因する根の活力・機能の低下、③ナトリウム、塩素が体内に多量に取り込まれることによる体内イオンバランスの乱れである。これら三つの要因は複合的に作用して、作物の根からの養分・水分の吸収を阻害し、代謝を攪乱する。その影響は作物の地上部にも及び、水分欠乏により光合成作用が阻害され成長が停止し、著しい場合は枯れてしまう。

　土壌からの塩分除去作業（除塩）の基本は、①自然降雨あるいは多量の灌漑水による塩分の土壌からの洗い出し、②洗い出し後の塩分を含んだ処理水の農地外（排水路）への排水の2工程からなる。土壌の耕起―湛水―排水の一連の処理を作物が正常に育つ塩分濃度に低下するまで繰り返し行う。雨が多い日本では自然降雨が除塩において重要な働きをする。

　①、②の作業を行う上で除塩の効率を左右するのが、農地の排水性の良し悪しである。作土層の厚さや粘土質、砂質といった土壌の性質（土性）、次層（下層土）の緻密性等が排水性に関わってくる。作土が粘土質で下層土の緻密性が高いと排水性は悪く、除塩がスムーズに進まない。もともと、水田における下方向への水移動の難易（透水性）は、イネの生産性に関わる因子として重要視されており、適度な透水性が保たれていることが根の健全な生育と機能の維持に必要とされている。整備の進んだ水田では、水田の下層土壌中に透水性のある排水用の管（本暗渠）が埋め込まれており、必要な時に水抜き栓を開けて水が土壌から適度に抜けるように整備されている。除塩に際してはこの本暗渠が主要な役割を果たす。さらに排水の効率化を図るため、補助的な弾丸暗渠（農地土壌中に造られる簡易排水路）が施工される。

　大部分の塩分は①、②の処理で洗い流すことができる。しかし、プラ

81

第二部

スの荷電を有するナトリウムイオンは、その一部が土壌の有するマイナス荷電に結合して存在（交換態ナトリウム）し、灌漑水や雨水によって簡単には洗い出されない。ナトリウムは作物にとって栄養成分ではなく、元来必要のない成分である。一方、化学的性質のよく似たカリウムは作物の三大栄養素の一つであり、ふつう土壌の負電荷に結合して交換態カリウム（イオン）の形で存在する。作物はこのカリウムを吸収して成長する。土壌中にナトリウムが多量に存在すると、ナトリウムが交換態カリウムと置き換わり結合してカリウムを追い出して土壌の栄養素バランスを乱す。交換態ナトリウムの除去には、カルシウム資材（炭酸カルシウムや硫酸カルシウム）の投与が有効である。カルシウムは植物にとっての必須栄養素であり多量に必要とされる。投与したカルシウム（イオン）が交換態のナトリウム（イオン）に置き換わって結合し、ナトリウム（イオン）を追い出して土壌の栄養素バランスを植物生育に好適な組成へと変える。カルシウム資材の投与は、高い塩分濃度にさらされた土壌の栄養素バランスの改善に必須な手法となっている。

4. 大震災から 6 年：復旧の現状、問題点

　東日本大震災から 6 年が経過した。多くの被災地（高濃度の放射能汚染地域を除く）では、農業用水路、揚水機場等の水利用に関わる基幹施設が復旧し、瓦礫の撤去、除塩作業等の農地復旧作業も進み、営農活動が見られるようになってきた[7, 11]。津波で被災した六県（青森、岩手、宮城、福島、茨城、千葉）の全農地のうち、営農再開が可能になった農地の割合は年々増加して、2013 年の 10% から 2016 年には 74% になった（2016 年 3 月末時点）。復旧を必要とした主要な揚水機場は、97 箇所のうちの 93 箇所で復旧が完了または復旧工事実施中である（2016 年 6 月末時点）。農業集落単位で見た農用水路等の復旧状況は、被害のあった青森県から長野県までの 11 県 401 地区の 97% が復旧工事を終了または実施中である（2016 年 6 月末時点）。

　被災した漁港は 319 港あったが、2014 年にはそのうちの 37%、そし

第四章　東北地方太平洋沖地震・津波、福島第一原子力発電所事故による食の生産基盤の損壊と復旧

て 2016 年にはその 73％ で漁獲物の陸揚げ機能が完全回復し、残りの 19％ の漁港でも部分的な陸揚げ機能の回復が見込まれている（2016 年 6 月末時点）。養殖施設は、再開希望の 76,193 施設中、2014 年 82％、2015 年 89％、2016 年 90％ が完成の予定である（復興庁 2016 年 1 月末現在）。

　およそ 6 年後におけるこれら復旧の進捗状況が早いか遅いかの判断は、見る人の立場、復旧の対象、地域等により異なるが、大筋では復旧が着実に進められていると言えよう。未曽有の大災害に、被災者、国、地方自治体、試験研究機関、大学、ボランティア等が一体となって、災害を乗り越えようと懸命に取り組んだ結果である。

　一部ではあるが、震災を機会に複数の被災者が集まって法人組織を立ち上げ、農地の大規模化による新しい農業経営形態への挑戦、先端技術を導入した大規模園芸施設の建設と共同経営、新しい組織を立ち上げての漁業・養殖業への取り組み等が試みられている[7]。

　その一方で、多くの問題が残されている。なかでも営農活動、漁業活動を下支えする地域コミュニティーの再構築は、多くの地域で困難な問題を抱えている。被災地では就農・就漁人口の減少による過疎化・高齢化が災害以前より加速している。津波により働き手、働く場（農地、農業用施設、漁業用施設）、働く手段（農業機器、漁船、漁具）、家屋等を失ったことなどがその直接の理由としてあげられる。家を失い住み慣れた地を離れていった移住者が震災後 6 年を経過しても元の地に戻らない事例が一般化している。とくに子供のいる比較的若い年齢層が戻ってこないケースが多く、コミュニティーの老齢化・過疎化に拍車をかけている。また、人口減が商業活動や医療事業等を困難にして、日常生活を送る上で欠かせない商店や病院がコミュニティーから消えていく悪循環を生んでいる。震災によって、日本の農林水産業が元来抱えている問題が一気に加速化され顕在化した形である。

　福島第一原発の被災地でも同様な問題が、より深刻化した形で起きている。

第二部

第四節　福島第一原発事故と食の生産環境、生産物、捕獲物の放射能汚染

　原子炉から放出・漏洩した放射性物質は、農地、林野地、河川、湖沼、ダム、海等を汚染して食の生産基盤を危うくし、人々に食の安全・安心に対する大きな危惧を抱かせた。農・水産物の放射能汚染に対する不安は、国内のみならず海外の国々まで広がり、風評被害も相まって、農林水産関連業は、福島県を中心に大きな打撃を被ることになった。

　1.　福島第一原発事故

　東北地方太平洋沖地震とその巨大津波の襲来が端となり、福島第一原発で未曽有の重大事故が発生した。常用および緊急用電源を喪失した原子炉は、安全性の保持に必須な冷却水供給などの中枢機能が使えない非常事態に至った。その後に取られた非常事態回避の緊急措置も機能せず、地震発生後の 2011 年 3 月 11 日から 15 日にかけて原子炉の 1、2、3 号機で炉心溶融事故が発生し、1、3、4 号機建屋では水素爆発が起きた。これら一連の事故とその後の事故対応過程において、大量の放射性物質が大気・陸域・海域の環境中に放出され拡散し、広域が放射性物質によって汚染される事態に至った[3,12]。

　放射性物質の空中への放出量は、米国スリーマイル島の原子力発電所の事故（1979 年 3 月 28 日）を超え、世界最悪の放射能汚染事故であるチェルノブイリ原子力発電所事故（1986 年 4 月 26 日）に次ぐものであった。大気中に放出された放射性物質の一部は近隣地区に降下し、また一部は放射性物質を含む雲（放射能雲）となって風により運ばれ、福島県を中心に本州のおよそ半分の広い地域に拡散した。各地の放射性物質による汚染状況は、原子力発電所からの距離、事故当時の風向きと風力、降雨の状態、地形、日時等により大きく左右された。また、福島第一原子力発電所の近隣海域では、大気からの放射性物質の降下による汚染に加え原子力発電所からの高濃度放射能汚染水の漏洩、放射能汚染水の放流による汚染が加わった。

第四章　東北地方太平洋沖地震・津波、福島第一原子力発電所事故による食の生産基盤の損壊と復旧

　事故後、国は福島第一原発の近隣住民に対して次々と避難指示あるいは屋内避難指示を発令した。汚染状況がより明らかになった 2011 年 4 月 22 日、政府は、福島第一原発から半径 20km 圏内を「警戒区域」、20 km 圏外北西方向の放射線量の高い地域を「計画的避難区域」として避難対象地域に指定し、20-30km 圏内の地域を「緊急時避難準備区域」とした[13]。また、「警戒区域」、「計画的避難区域」以外でも放射線量が周りより局所的に特に高い地点(ホットスポット)があることが分かり、同年 9 月 30 日には「特定避難勧奨地点」として避難を促した。2012 年 4 月 1 日以降これらの区域は、2012 年 3 月時点の放射線量に応じて「帰還困難区域」、「居住制限区域」、「避難指示解除準備区域」に再編された(2012 年 3 月の時点で空間線量率から推定された年間積算線量が 50 ミリシーベルト超の区域を「帰還困難区域」、50 ミリシーベルト以下で 20 ミリシーベルトを超える恐れがあると確認された地域を「居住制限区域」、そして 20 ミリシーベルト以下になることが確認された地域を「避難指示解除準備区域」とした)。

　避難指示・勧奨により他地域への避難を余儀なくされた移住者（避難生活者）は、当初は 10 万人強、ピーク時（2012 年 5 月）は 16 万 4,865 人となった。

2.　放出された放射性物質

　チェルノブイリ原発事故の例から多種の放射性核種による汚染が懸念されたが、福島第一原発事故の場合は、放出量が多く広範囲に拡散した放射性ヨウ素 131（^{131}I）と 2 種の放射性セシウム（放射性セシウム 134（^{134}Cs）と放射性セシウム 137（^{137}Cs））がおもに問題となった。放射性ヨウ素 131 は半減期（放射性物質が崩壊してその量が半分となるのに要する時間）が 8 日と短いので放射線量は速やかに減衰し、80 日後にはおよそ千分の一となり、6 年以上経過した今では人体への影響を心配する必要はなくなっている。これに対し、放射性セシウム 134 と放射性セシウム 137 の場合は、半減期がそれぞれおよそ、2 年、30 年と放射性ヨ

85

第二部

ウ素 131 のそれに比べずっと長いので放射線の影響は長期にわたる。と
くに放射性セシウム 137 の場合、放射線量は 10 年経過しても 91%、30
年でやっと半分に減衰するにとどまり、千分の一となるのにおよそ 300
年を要する。放射性セシウム 134 は、6 年で 12.5%、10 年で 3.1%、20
年でおよそ千分の一に減衰する。

第五節　食の安全への取り組み―放射性物質に対する規制値の設定と汚染の実態―

　原子力発電所で重大事故が発生し放射性物質が環境に放出された場
合、農地や漁場、そこで生産・捕獲される農・水産物が汚染されること
は避けられず、それらの安全管理が重大な問題となる。しかし、「原子
力発電所における重大事故は起こらない」との安全神話が、国民のみな
らず原子力発電所の安全性を監視・規制する側の国、さらに原子力発電
の事業者にまで深く浸透していた我が国では、「食品の放射性物質の濃
度規制値」の定めは国の食品衛生法の中になかった。また、放射性物質
が環境を汚染する緊急事態に至った場合における、農・水産物の生産段
階、流通段階で取るべき管理措置等の設定もなかった[14]。すなわち、国
の放射能事故に対するリスク管理、事故対策は、きわめて不備であった。
このような状況下で福島第一原発事故は起きた。当然、国や地方自治体
は、事故発生直後から放射線による人への健康被害を回避・軽減するた
めの速やかな対応を迫られた。

　1. 暫定規制値、新基準値
　厚生労働省は、事故発生直後の 2011 年 3 月 17 日、放射性物質（放射
性ヨウ素、放射性セシウム、ウラン、プルトニウムおよび超ウラン元素
の α 核種）の食品に関わる暫定規制値（許容値）を初めて設定した[15]。
食品を、「飲料水」、「牛乳・乳製品」、「野菜類」、「穀類」、「肉・卵・魚・
その他」の 5 項目に分け、それぞれについて暫定規制値を定めた。放射
性セシウムについては、食品 1kg 当たりの放射性セシウムが、「飲料水」

86

第四章　東北地方太平洋沖地震・津波、福島第一原子力発電所事故による食の生産基盤の損壊と復旧

と「牛乳・乳製品」についてはそれぞれ200ベクレル（ベクレル（Bq）：1秒間に原子核が崩壊する数で、放射能の強さを表す）、「穀類」、「野菜類」と「肉・卵・魚・その他」についてはそれぞれ500ベクレルと定めた。消費者にとっては、規制値以下の食品であれば健康を損なう恐れがないとされる指標値となり、生産者にとっては生産物を市場へ出荷できるか否かの目安の値となる。2011年度（平成23年度）は、この暫定規制値をもとに、放射性物質による健康被害を回避・低減するための様々な措置が生産、流通の各段階で講じられた。

　暫定規制値については、放射線による影響を成人よりずっと受けやすい乳幼児への配慮が十分でないなど様々な意見があり、翌年の2012年4月以降は、健康リスクをより厳しく査定した新基準値に替えられた。新しい基準値では、食品を先の5項目から「飲料水」、「乳児用食品」、「牛乳」、「一般食品」の4項目に改訂し、それぞれの基準値は食品1kg当たり10、50、50、100ベクレルとずっと低く設定された。

　2. 事故直後の農林水産物・捕獲物の放射能汚染の実態

　放射性物質が農地に降下したことにより、そこで働く農業従事者（生産者）にはおもに外部被爆、そして生産物・捕獲物を食する消費者には内部被爆による健康への影響が懸念された。

ア．農・畜産物の汚染[16,17,18]

　農地の中で最も大きな面積を占める水田は、福島第一原発事故が発生した3月中旬はイネの栽培が始まっておらず裸地のままであったため、放射性物質は直接土壌に降下、沈着した。一方、畑では一部で野菜類やムギ類が栽培されていた。

　福島県とその近隣県では、事故直後から農・水産物についての放射能調査が国や地方自治体を中心に開始された。その結果、食品の放射性物質による汚染の実態が次々と明らかになっていった。3月には、ホウレンソウやコマツナ、カキナ等の葉物野菜、結球キャベツ、ブロッコリー・カリフラワー等の花蕾類、牧草、原乳等から規制値を超えるものが出た。

第二部

4月に入ると露地もの原木シイタケ、5月にはタケノコ、6月には茶や梅、7月には施設栽培の原木シイタケ、牛肉、8月には柚子、9月には野生のキノコ等が暫定規制値を超えた[14]。

　野菜類の規制値越えは、これらの野菜類が露地栽培であったため放射性物質が直接可食部に降下・沈着したことが主要因であった。

　茶の場合は、少し違っていた。摘み取られた新葉（茶葉）は、放射性物質が大量に放出された3月中・下旬の時点では、その芽はできていないか未だとても小さく放射性物質が直接沈着する可能性は低かった。収穫された茶葉（新葉）に検出された放射性物質の大部分は、成熟葉や枝に沈着した放射性物質が体内に取り込まれ、その後に移行してきたもので、わずかな部分が根から吸収され移行してきたものと考えられた。

　原乳が規制値越えしたのは、乳牛が放射性物質で汚染された牧草、稲わら、水等を摂取したことによった。牛肉が放射性セシウムで汚染されていたのも、肉牛の飼育の際に飼料として与えた稲わらが放射性物質で汚染されていたためだった。飼料として使われた稲わらは、前年の（2010年の秋）刈り取り後に野外に置かれたままであったため、原発事故により降下した放射性物質で汚染されていた。

　原木シイタケの場合は、栽培に使った原木（榾木、ほだぎ）が放射性物質で汚染されていたことによった。タケノコの場合は、竹林の林床に落ちていた葉や土壌に沈着していた放射性物質が地表面近くにある根から吸収され、新芽であるタケノコに移行したためと考えられた。多くの種類の野生キノコからも高濃度の放射性物質が検出され規制値越えが相次いだ。キノコは林床に広く菌糸を張り巡らし栄養素を得て成長する。放射性物質が沈着した落ち葉や朽木・枯れ枝等から栄養素を吸収する際に放射性物質も取り込んだと考えられた。

　厚生労働省が2011年9月1日時点でまとめた10県一都（福島県、茨城県、栃木県、群馬県、宮城県、山形県、新潟県、長野県、埼玉県、千葉県、東京都）に及ぶ食品の放射能汚染調査では、農林生産物計1万6,829件中、放射性セシウムまたは放射性ヨウ素が暫定規制値を超えたものが

第四章　東北地方太平洋沖地震・津波、福島第一原子力発電所事故による食の生産基盤の損壊と復旧

677件（4%）にのぼった。そのうち473件が福島県産であった[14]。これらの検査結果に基づき、暫定規制値を上回った品目とその生産地域（市町村）には地方自治体、国により出荷自粛、出荷制限が課せられ、市場に出回ることはなかった。

イ．水産物の汚染

　水産庁および地方自治体は、福島県および近隣県において捕獲される魚介類、甲殻類、イカ、タコ類等100種を超える水産物について、福島第一原発事故発生後から今日まで定期的に放射性物質検査を行ってきている。震災直後（2011年4-6月）の福島県では、52.7%が基準値の100ベクレル/kg超であったが、時間の経過に伴い減少し、2012年の同時期は21%、2013年は5.4%、2014年は1.6%、そして2015年、2016年は0.1%にまで減少した。福島県では事故後、直ちにすべての沿岸漁業・底びき網漁業の操業自粛に踏み切った。基準値超となった海産物については、速やかに採捕自粛・出荷制限の措置がとられた。2012年4月以降は、検査の結果が継続的に基準値を下回っている品目と海域では、小規模な試験操業・販売が開始され、徐々にその品目数が増してきている。2017年1月13日現在では94品目（魚類68種、甲殻類8種、イカ・タコ類7種、貝類9種、その他2種）となっている。一方、イカナゴ、ウスメバル、ウミタナゴ、キツネメバル、スズキ等9魚種は出荷制限の対象となっている。福島県以外の水産物については、震災直後（2011年3-6月）こそ基準値超が全検体の6.6%に見られたが、最近2年は0-0.2%と大幅に減少している。また、淡水魚では、渓流の野生ヤマメ、イワナ等で基準値越えがでており出荷が制限されている[19]。

第六節　降下した放射性セシウムの土壌中での挙動と作物による吸収

　1．農地に降下した放射性セシウムは速やかに土壌に捕捉される

　農地に降下・沈着した放射性セシウムは、地表面あるいはごく表層の土壌粒子や土壌有機物に速やかに捕捉（吸着・固定）され、そのほとん

89

第二部

どが地表面から数センチメートル以内の土壌層にとどまって存在する。それ以下の土壌層に移行する量はきわめて少なく、放射性セシウム濃度は土壌表面に近いほど高い[20,21]。福島第一原発事故のおよそ1か月後に福島県内4か所で調べられた例では、放射性セシウムのおよそ9割が表層5センチメートル以内に存在していた[22,23]。土壌の種類によって若干の違いはあるが、「土壌に降下した放射性セシウムは速やかに土壌に吸着・固定される」との特性は、1950年代から1970年代に実施された大気圏内核実験により放出された放射性セシウムを追跡した日本を含む世界各地での調査や、チェルノブイリ原発事故後の調査でも明らかにされている。

2. 作物による放射性セシウムの土壌からの吸収

　セシウムは植物にとって栄養素ではないが、セシウムが根の周りや葉、茎、枝、幹等に沈着して存在する場合、その一部を植物が吸収し体内に取り込む。

　植物が根から吸収する放射性セシウムの量は、土壌の放射性セシウム量によって最も大きく左右される。植物が土壌中から吸収するセシウムは、土壌水中に溶けて（遊離）存在する、あるいは土壌粒子や土壌有機物の負電荷にゆるく結合（交換態）して存在するイオン形態のセシウム（Cs^+）と考えられている（可給態セシウム）。可給態セシウムが、土壌に捕捉されたセシウム全体の中で占める割合はふつう小さく、大部分は土壌に強固に吸着・結合（固定）した、植物が吸収できない形態のセシウム（不可給態セシウム）である。不可給態のセシウムは、セシウムイオンが特定の粘土鉱物の特別な部位に強固に結合しているとされており、容易には土壌水中に溶け出てこない。不可給態セシウムの割合は土壌に降下後の時間の経過とともに増加する傾向にある[20,21,24]。また、放射性セシウムは時間の経過に伴って減衰するので、土壌中の放射性セシウム濃度は事故後の時間の経過とともに減少していく。のちに述べるように、与える肥料の種類や量で植物が吸収する放射性セシウム量は大き

第四章　東北地方太平洋沖地震・津波、福島第一原子力発電所事故による食の生産基盤の損壊と復旧

く変わる。

　土壌中の放射性セシウムの存在形態を調べた一例では、土壌粒子の負電荷にゆるくイオン結合した形態がおよそ10%、土壌有機物の負電荷にゆるくイオン結合した形態がおよそ20%、そして特定グループの粘土鉱物の特別な負電荷部位に強固に結合・固定された形態（不可給態）がおよそ70%であった[25]。

　3.　可食部への放射性セシウムの移行

　実際の作物栽培においては、土壌から放射性物質が作物可食部へどの程度移行するかが問題となる。その目安として、移行係数（TF : Transfer Factor）がよく使われる。移行係数は土壌中の放射性核種の濃度に対する可食部の放射性核種濃度の比として表される。

　移行係数＝可食部中の放射性核種濃度（ベクレル/kg乾物重、あるいはkg新鮮重）÷土壌中の放射性核種濃度（ベクレル/kg乾土重）

　土壌の放射能計測値にこの移行係数を乗じることで、その土地で作付けされた作物がどの程度汚染されるかを予想できる。たとえば、玄米の移行係数が0.001ならば、土壌1kg当たり5,000ベクレル濃度の放射性セシウムを含む土壌で栽培され生産された玄米の放射性セシウム濃度は、5,000ベクレル/kg×0.001＝5ベクレル/kgと予想される。ただ、移行係数の値は、同じ作物でも土壌の条件、栽培環境（とくに施肥）等によりその値に二桁に及ぶ違いが見られることもあり、見方には注意が必要である。

　過去に発表された各種作物の放射性セシウム移行係数の幾何平均値を比較しまとめたものによれば[14,23]以下のようである。①イネやムギなどの穀類の移行係数は農産物の中では低く、葉菜類は高い傾向にある。②根菜類の中ではジャガイモ・さつまいもが高い傾向にある。③果実の移行係数は最も低い。④牧草の移行係数は高い。

91

第二部

4. イネ作付けの可否と土壌の放射性セシウム暫定許容濃度

コメは我々にとっての主食である。それゆえにコメの放射能汚染に対する国民の関心はとくに高い。イネの栽培面積は他の作物種に比べ圧倒的に大きく、イネの作付けの可否を左右する土壌の放射性セシウム暫定許容濃度（許容値）がどのくらいの値となるかは農家の注目を集めるところとなった。原発事故直後の 3 月下旬〜4 月初めにはイネの種まきが始まるため、国は土壌の放射性物質濃度に対する暫定許容濃度を早急に決定する必要に迫られていた。そのためには、まず玄米の移行係数を定める必要があったが、そのもととなったのが国の農業環境技術研究所が持っていたデータであった（大気圏内核実験により日本の農地に降下した放射性セシウムについて、水田土壌及びそこで収穫されたコメについて 1959 年から 2001 年まで全国 171 か所で調べたデータ）。農林水産省は、このデータを用いて水田土壌から玄米への移行係数について解析し安全率を加味して、玄米への移行係数の指標値を 0.1 と定めた[26]。この移行係数と玄米の暫定規制濃度が 500 ベクレル/kg であることから、土壌の放射性セシウムの暫定許容濃度は 5,000 ベクレル/kg と決定された。これにより、土壌の放射性セシウムの濃度がこの許容値を超えている地区には、作付け制限（禁止）が課せられることとなった。

福島県においてこの暫定許容濃度を超えると推定された農地面積は、水田および畑地でそれぞれ約 6,300 ヘクタールおよび約 2,100 ヘクタールにおよび、そのうちの 95% が警戒区域及び計画的避難区域に分布していた。

5. コメの放射能検査、出荷自粛、出荷制限、コメの全量・全袋放射能検査

国のコメに対する放射能検査は 17 都県を対象として実施された。2011 年 10 月初旬におけるそれぞれの自治体の検査結果において、暫定規制値 500 ベクレル/kg を超えるコメはいずれからも検出されなかった。この結果を踏まえ、福島県は 10 月 12 日にコメの安全宣言を出し、各県も

第四章　東北地方太平洋沖地震・津波、福島第一原子力発電所事故による食の生産基盤の損壊と復旧

これに続いた。同年 11 月 10 日時点での国のまとめによれば、3,215 の総調査地点中で 92.7% は検出限界値以下であった。暫定規制値を超えたものはなく、300–500 ベクレル/kg が福島県で 1 地点、100–200 ベクレル/kg が福島県 2 地点、宮城県 1 地点、検出限界－100 ベクレル/kg 以下が福島県 11 地点、宮城県 3 地点、群馬県 2 地点、栃木県、千葉県各 1 地点であった[14,27]。しかし、福島県の安全宣言からおよそ 1 か月後の 11 月中旬、福島市で生産されたコメについて自主検査した中に許容濃度を超えるものが出た。また、伊達市、二本松市でも暫定規制値越えが検出された。このため、県は急きょ、同地区および放射線量が高い地区の農家を対象にコメの出荷を見合わせる指示を出した。同時に放射性物質緊急調査を実施した。その結果、対象となった農家 23,247 戸中 0.2% の農家で暫定規制値越えが出た（検出限界以下 86.2%、検出限界－100 ベクレル/kg 以下 11.3%、100 ベクレル/kg～500 ベクレル/kg 2.3%）。

　調査のさなかの 2011 年 12 月 27 日、農林水産省は、2012 年度産のコメの作付けについて、警戒区域、計画的避難区域、緊急的避難準備区域での作付け禁止に加え、それ以外の区域で暫定規制値 500 ベクレル/kg を超えたコメの生産区域の作付けの禁止と基準値 100 ベクレル/kg 超えコメの生産区域での作付けの禁止の検討を行う旨を明らかにした。さらに、農林水産省は、基準値 100 ベクレル/kg を超えるコメについて、最終的に廃棄することを念頭に、買い上げによる特別隔離対策に踏み切ることとした。これらを考慮し、いずれの市も基準値越えの出た区域を対象に出荷制限を発動した。

　11 月半ば以降の暫定規制値越えのコメの検出が相次いだことから、風評被害が深刻化し、全国第 3–4 位のコメ収穫量を誇った福島産米の出荷量は激減した。

　このような状況の中、福島県は 2012 年度産米について出荷するコメの全量・全袋について放射能検査を行うことを取り決め実施した。30kg の袋で 1,000 万袋を超える膨大な量であった。2012 年度産米については、以下に述べるイネの放射性セシウム吸収に対する低減対策や出荷制限実

93

第二部

施の効果もあって、基準値超えの出荷禁止米は、全調査検体の 0.007 ％
と激減した（検出限界以下 99.8 ％、検出限界－100 ベクレル/kg 以下 0.193
％、100 ベクレル/kg-500 ベクレル/kg 0.007 ％、500 ベクレル/kg 超無し）。

第七節　作物による放射性物質吸収の抑制・低減対策．の実際

　生産現場では、いかにして生産物・捕獲物の放射能汚染を回避・軽減
するかが最重要課題であり、そのための様々な対策が、生産から流通に
至る各段階で講じられてきている[18,28]。農地の汚染程度に応じて以下の
ような対策が実施された。

1.　イネによる放射性セシウム吸収の抑制・軽減対策の実際—カリウ
　　ムの施用—

　2011 年の様々な水田の調査から、土壌の放射性セシウム量が少ない
にもかかわらず玄米の放射性濃度が高い場合や、その逆のケースもみら
れ、土壌の放射性セシウム濃度と玄米の放射性セシウム濃度は単純な直
線関係では示されないことが明らかとなった。その一方で、放射性セシ
ウムの吸収抑制対策として、土壌へのカリウムの投与が効果的であるこ
とがチェルノブイリ原発事故後に行われた作物や牧草の栽培試験結果と
して報告されていた。また、日本で行われたイネのポットを用いたモデ
ル実験でも同様な結果が得られていた。これらの情報をもとに、放射性
セシウムで汚染された水田を使ってカリウム投与が放射性セシウム吸収
を実際に抑制するかが調べられ、その効果が確認された。さらに、玄米
の移行係数は、土壌の交換性カリウム（土壌粒子や土壌有機物のマイナ
ス荷電に結合して存在するカリウム）濃度によって大きく変動すること
が明らかにされ、土壌の交換性カリウム濃度が指標値（25mg K_2O/100g）
以上であれば、玄米の移行係数は安定して 0.01 以下となることが示さ
れた[29]。

　稲作の生産現場では、放射性セシウム吸収抑制対策として田植え前に
土壌の交換性カリウム濃度が指標値（25mg K_2O/100g）以上となるよう

にカリウム資材（塩化カリウム）を投与しておくことが推奨され、被災農地約8万5,000ヘクタールの水田に対し広く活用された。交換性カリウム含量の少なかった水田での効果はとくに顕著で放射性セシウム濃度の基準値超が激減する一因となった。土壌の交換性カリウム濃度に対する指標値は、ダイズ、ソバ、牧草など他の作物においても順次策定が進められ、対策技術として示されている。

　植物のセシウム吸収機構については不明の点が多いが、放射性セシウムの吸収がカリウムにより抑制される理由は次のように考えられる。セシウムはカリウムと同じ周期律表第一族のアルカリ金属に属し化学的に似た性質を有する。このことからセシウムは、カリウムと同じ吸収機構により（間違って）吸収されると考えられる。カリウムは、植物にとっての三大栄養素の一つであり生育のために必要とされる量は無機栄養素の中でもとくに多い。植物にとって吸収可能な交換性カリウム含量が土壌中に十分でない場合は、セシウムがカリに替わって吸収される機会が多くなり、逆に十分な場合はセシウムの吸収が抑制されると考えられる。

　2．除染の具体的な取り組み

　農林水産省は、福島県を含む15都県を対象にした約3,400地点の農地土壌の放射性セシウム濃度の調査結果と航空機モニタリング等で得られた空間線量率の測定結果をもとに、農地土壌の放射性セシウム濃度についての詳細な分布図を2012（平成24）年3月23日に、発表した。これをもとに土壌の除染対策が国、および地方自治体で立てられ実施された。

　農地の汚染程度に応じて、以下の方法を単独あるいはいくつかを組み合わせ除染作業が行われてきている。放射性セシウムの吸収抑制のためのカリウム資材の農地への投与は、以下の方法と合わせて実施することが推奨された[18]。

ア．反転耕：農地に降下した放射性セシウムは、農地が未だ耕されていない場合は土壌表層にそのほとんどが存在している。反転耕は、汚染度

第二部

の高い表層土壌を汚染されていない下層土壌と入れ替えて下層に埋め込み（反転耕）、掘り出した下層土壌を新たな表層土壌として使う方法である。おもに低濃度汚染（1万ベクレル/kg 以下）の農地向きとされている。利点は、作業が他の方法に比べ実施し易いこと、廃棄土壌を生じないこと、空間線量の低減に効果があることなどである。欠点は、下層土壌は肥沃性に乏しいこと、根が深くまで張る作物には使えないことである。この方法は、これまで2万9,000ヘクタールの牧草地に広く適用されている。

イ．表層土の剥ぎ取り：表土 4–5cm を機械的に剥ぎ取る方法で、モデル実験では 75% 程度放射性セシウム濃度を減じることができている。低減効果が顕著であることから汚染レベルによらず適応可能である。また、汚染レベルが2万5,000ベクレル/kg を超えるような高い汚染土壌には、除染作業中に飛散する粉塵による内部被爆や圃場での取り残しを防ぐため、あらかじめ土壌の固化剤を散布する技術も開発されている。この場合は 80% 程度の低減が期待される（モデル実験）。問題点は、大量に出る汚染土壌の袋詰め・運搬・保管等にかかる膨大な労力と費用、長期に及ぶ保管場所の確保、その後の放射性物質濃度の低減のための処理などにある。剥ぎ取り法は除染を必要とする 8,500 ヘクタールの農地に適応され、これまでに 6,000 ヘクタールで除染が進められている。

ウ．水による土壌攪拌・除去：水田に水を入れて耕し土壌を攪拌後、その濁水を沈殿池に強制排出する。濁水に凝固剤を投与して放射性物質を含む土壌（主に粘土）粒子を沈殿として分離する。この処置で 40% 程度の低減効果が期待される（モデル実験）。上澄み液の放射性セシウム濃度は検出限界以下となり環境中へ排出が可能とされる。利点は、汚染廃棄土の量が剥ぎ取り法に比べはるかに少なくて済む（数%程度）。欠点は、粘土含量が少ない土壌では高い除去率が期待できない。この方法は、土壌粒子の中でサイズが最も小さい粘土粒子に放射性セシウムの多くが強く固定され存在する特性を利用したものである。

エ．高セシウム吸収植物の利用（ファイトリメディエーション）：当初

第四章　東北地方太平洋沖地震・津波、福島第一原子力発電所事故による食の生産基盤の損壊と復旧

は、放射性セシウムで汚染された土壌から放射性セシウムを効率よく吸収する植物を選び、汚染土壌で育て収穫すれば土壌から放射性物質が除去され土壌の浄化に寄与する（バイオリメディエーション）との発想から、種々の植物について実際の汚染農地で試みられた。しかし、その吸収量は最大でも土壌中の放射性セシウムの1％にも満たないもので、除染効率が極めて悪く実用化には至らなかった[28]。

3. 茶樹、果樹への対策

茶樹においては、茶樹を深く刈り込み放射性物質が沈着した成葉や枝を取り除く処置とカリウムを投与する処置が取られた。深く刈り込むことにより新葉へ移行する放射性物質源を断ち、土壌中のカリウム濃度を高めることにより放射性セシウムの根による吸収を抑制する戦略である。これらの処置は茶葉の放射性セシウム濃度の低減にきわめて効果的で、栽培農家に広く使われる対処技術となった[30]。モモ、ナシ、カキなどの果樹では放射性物質は主に外樹皮に沈着している。沈着した放射性物質が体内に取り込まれ果実へ移行することを防ぐため、高圧洗浄機を用いた樹皮の洗浄、外樹皮を剥離する方法等が開発され実施されている[31,32]。

第八節　放射能汚染の現状と食の安全、汚染地域の今後

事故以降、生産現場では、生産物・捕獲物が放射性物質により汚染されることを回避・低減するための様々な対策が、生産から流通に至る各段階で講じられてきている。その結果、震災からおよそ6年が過ぎた今、国の定めた放射性物質に対する規制値（基準値）を超える生産物・捕獲物が市場に出回ることは、ほぼ見られなくなっている。また、各地の放射線量は、除染作業と放射性物質の自然減衰により事故直後に比べ大幅に低下している。

97

第二部

1. 生産物・捕獲物の放射能汚染の現状と食の安全

　放射性セシウム濃度が基準値を超える食品が市場に出回ることはほぼなくなったのは、以下のような理由による。①原子炉からの放射性物質の放出がなくなった。②土壌に降下した放射性セシウムが時間の経過とともに土壌に強く固定され、作物が吸収する形態のセシウム量が少なくなった。③物理的減衰により放射性セシウム濃度が低下した。④適切な放射性セシウム吸収の回避・抑制対策が実施された。⑤生産物、採取物、捕獲物の厳正な放射性セシウムモニタリング検査を行い、基準値越えの恐れのある生産品目と生産地区、採取品目（野生山菜、野生キノコ等）と採取地区、捕獲品目（魚貝類、海藻類、野生鳥獣類の肉等）と捕獲海域・地域に対して、出荷制限（禁止）・自粛の処置がとられた。17 都県の農林生産物・捕獲物の放射性セシウム濃度検査[18]において基準値（100 ベクレル/kg）を超えたコメ（玄米）は、2011 年度産米 2.2％、2012 年度産米 0.0008％、2013 年度産米 0.0003％、2014 年度産米 0.00002％ と減少し続け、2015 年度、2016 年度産米については全く見られていない（2017 年 1 月 10 日現在）。栽培野菜については基準値越えが 2011 年度の 3.0％ から、2012 年度は 0.03％、そして 2013 年 4 月以降、基準値越えは出ていない（2017 年 1 月現在）。果実、茶、原乳、肉（野生鳥獣肉は除く）、卵等についても 2013 年度以降現在まで基準値越えは出ていない。現在、基準値越えが見られるのは、野生生物由来の品目のみで、一部の野生キノコ、野生山菜、野生のヤマメ、イワナ、野生動物のイノシシやシカ、クマなどの肉等であり、いずれの品目にも出荷制限が課せられている。したがって、一般消費者が基準値を超える放射性物質を食する可能性は極めて低いと言えよう。

2. 除染の進捗状況、避難指示解除、残された問題点

　2016 年 11 月末現在、福島県により除染が計画された「帰還困難区域」を除く全農地面積（34,055ha）の 87.5％ が、すでに除染を終了あるいは実施中である[17]。「避難指示解除準備区域」「居住制限区域」では、2014

98

第四章　東北地方太平洋沖地震・津波、福島第一原子力発電所事故による食の生産基盤の損壊と復旧

年4月以降、除染により放射線量が基準値以下となった地区から順次、避難指示が解除され住民の帰還が始まっている。またその一部区域では、すでにコメの作付けが本格的に再開されている。その他の地域でも、コメや花きなどで本格的栽培に先立つ実証栽培が開始されるなど、除染の進捗状況に応じた営農再開に向けた取り組みが進行している。国は2017年の4月1日までに「帰還困難区域」を除くすべての地区の除染を終了し避難指示を解除するとしている。

　一方、7市町村にまたがる「帰還困難区域」では、放射能汚染の深刻な状況は変わらず6年以上が経過した今も、住民の立ち入りが制限され作物の作付けも禁止されたままである（対象人口2.4万人）。2016年8月、国は、「帰還困難区域」の一部を「特定復興拠点」に指定して除染を進め、2022年をめどに居住を可能にすることを目指す計画を示した。しかし、その面積は帰還困難区域全体の5%程度にとどまっている[33]。帰還困難地域の住民を対象にした帰還意向調査[34]では、除染が終わっても帰還しないあるいは帰還するかわからないと答えた人の割合が帰還すると答えた人の割合を大きく上回っていて地域コミュニティーの再構築が難しい状況となっている。すでに除染を終えた地域でも、移住先で新しい生活をスタートさせた、子供が大きくなるまでは帰らない、年寄りがいて病院がない町には帰れない、放射線による健康被害が心配、帰っても働き場がないなどの理由で帰還しない人も多い。除染後すぐに帰還しなかったために農地に雑草や灌木が侵入し荒れ地となってしまうケースも多々見られている。また、この6年の間に増えたイノシシやシカ等による農作物の被害も大きい。

　除染の結果、大量の汚染土壌、汚染草木、廃棄物が生じた。これらは、国が一定期間後に適切な処置をとることを前提に、各地に設けられた一時貯蔵場所（仮置き場）で保管されてきた。しかし、国は長期にわたって保管する場所と汚染物の減容化の解決策を見いだせず今日に至っており、一時貯蔵場所となっている地区では住民は不安といら立ちを募らせている。福島第一原発の廃炉作業は、未だ原子炉内部で核燃料がどのよ

99

第二部

うな状態で存在しているかすらはっきりせず先が見通せない状況下にある。事故処理費は 21.5 兆円と上方修正された[35]。

膨大な面積を占める森林地区の除染は、ほとんど手が付けられていないままである。

おわりに

「天災は忘れた頃来る」。これは物理学者であり、科学随筆の開拓者として知られる寺田寅彦（1878-1935）の言葉とされる。彼が自身の随筆『津波と人間』で記しているよう、人は、数十年が過ぎると過去の大震災を忘れてしまうのが実際で（彼の言う人間界の人間的自然現象）、過去の大災害の教訓はなかなか後世には生かされない[36]。東北地方太平洋沖地震・津波は、明治 39 年の三陸地震・津波から 115 年後、昭和 8 年の三陸地震・津波からは 78 年の時を経て再び当地を襲った。私たちは、またも先人たちと同じ轍を踏んだ。災害を防ぐどころか大災害となった。科学技術は当時に比べずっと進歩しているにもかかわらずである。加えて人災とされる未曽有の原子力発電所事故[3]が起き、これから数十年、あるいは数百年にわたって過去に経験のない原子力事故・災害の後始末という難題を背負うことになった。

残念なことに、社会の近代化、産業の急速な発展が、地震・津波による災害をこれまで以上に大きくしている。なぜだろうか？そこに足りないものは何だろうか？

日本は、地震、津波、火山活動、台風などの自然災害が、世界でもとりわけ多い稀な国である。東日本大震災を経験し、自然の力のはかり知れない大きさと恐ろしさを目の当たりにした今、自然現象による「大地震・巨大津波」、人災による「福島第一原発事故」[3]、そしてそれらにより引き起こされた一連の「大災害」について、様々な視点から検討することが真に求められている。

日本で暮らす私達は、四季の移ろいを愛でながらもどこかで、「自然災害はいつ、どこで起きるかわからない」との認識と備えを、日常の「心

第四章　東北地方太平洋沖地震・津波、福島第一原子力発電所事故による食の生産基盤の損壊と復旧

得」として持ち続けなければならない。加えて自然現象・自然災害についての科学的理解を国民全体で深め、防災、減災に対する備えを進化させることが求められる。

　南海トラフ大地震が今後 20 年の間にきわめて高い確率で起きるとされている。襲来が予想される地域には、東日本大震災の被災地と比べ都市化が進み人々が密集して暮らしている地域が多い。防災・減災に向けて真に有効な対策を、一刻でも早く進めなければならない。

【引用文献】

1）　佐竹健司・堀宗朗 2012『東日本大震災の科学』東京大学出版会
2）　中島林彦 2012「東日本大震災　ならされていた警鐘」『震災と原発』日経サイエンス社 6-19.
3）　黒川清 2016『規制の虜　グループシンクが日本を滅ぼす』講談社
4）　警察庁 2017「平成 23 年（2011 年）東北地方太平洋沖地震の被害状況と警察措置」
　　https : //www.npa.go.jp/news/other/earthquake2011/pdf/higaijokyo.pdf
5）　復興庁 2017「東日本大震災における震災関連死者数」
　　http : //www.reconstruction.go.jp/topics/main-cat2/sub-cat2-6/20160930_kanrenshi.pdf
6）　内閣府 2011「東日本大震災における内閣府被害額の推計について」
　　http : //www.bousai.go.jp/2011daishinsai/pdf/110624-1kisya.pdf
7）　農林水産省 2016「①地震・津波災害からの復旧・復興」
　　http : //www.maff.go.jp/j/kanbo/kihyo02/fukkou/attach/pdf/index-5.pdf
8）　日本農学会 2011「東日本大震災からの農林水産業の復興に向けて―被害の認識と理解、復興へのテクニカルリコメンデーション」
　　http : //www.ajass.jp/pdf/recom2012.1.13.pdf
9）　伊藤豊彰 2016「津波被災地の農業再生に向けた対策技術研究の貢献と課題」、『土と肥料』講演会要旨　日本土壌肥料学会
　　BC%8D%E4%BC%8A%E8%97%A4%EF%BC%88%E4%BF%9D%E8%AD%B7%EF%　http : //jssspn.jp/info/file/%E8%AC%9B%E6%BC%94%E8%A6%81%E6%97%A8%EF%BC%89.pdf
10）　日本土壌肥料学会 2015 進歩総説「津波被災農地土壌の実態調査と除塩対策」日本土壌肥料学会誌 86（5）379-468.
11）　復興庁 2017「東日本大震災からの復興の現状と取組」
　　http : //www.reconstruction.go.jp/topics/main-cat1/sub-cat1-1/20131029113414.html

第二部

12） 中島林彦 2012「レベル7からの出発」『震災と原発』日経サイエンス社 82-101

13） ウィキペディア 2017「3. 住民の避難・影響」『福島第一原子力発電所事故の影響』

　　 https://ja.wikipedia.org/wiki/%E7%A6%8F%E5%B3%B6%E7%AC%AC%E4%B8%
　　 80%E5%8E%9F%E5%AD%90%E5%8A%9B%E7%99%BA%E9%9B%BB%E6%
　　 89%80%E4%BA%8B%E6%95%85%E3%81%AE%E5%BD%B1%E9%9F%BF

14） 遠藤保雄 2012『原発事故と食品安全─農林水産業再建と食品安全確保への試練─』農林統計出版

15） 厚生労働省 2011「放射能汚染された食品の取り扱いについて」

　　 http://www.mhlw.go.jp/stf/houdou/2r9852000001558e.html

16） 農林水産省 2011「農地土壌中の放射性セシウムの野菜と果実類への移行について」

　　 http://www.maff.go.jp/j/press/syouan/nouan/110527.html

17） 環境省 2017「除染情報サイト」

　　 http://josen.env.go.jp/zone/details/fukushima_progress.html

18） 農林水産省 2016「②原子力災害からの復旧・復興」

　　 http://www.maff.go.jp/j/kanbo/kihyo02/fukkou/attach/pdf/index-10.pdf

19） 水産庁 2017「水産物の放射性物質調査の結果について～1月13日更新～」

　　 http://www.jfa.maff.go.jp/j/housyanou/kekka.html

20） 日本土壌肥料学会　土壌・農作物等への原発事故影響 WG 2011a「原発事故関連情報（1）放射性核種（セシウム）の土壌─作物（特に水稲）系での動きに関する基礎的知見」

　　 http://jssspn.jp/info/nuclear/post-15.html

21） 日本土壌肥料学会　土壌・農作物等への原発事故影響 WG 2011b「原発事故関連情報（2）セシウム（Cs）の土壌中でのふるまいと農作物への移行〈2013年改訂〉」

　　 http://jssspn.jp/info/nuclear/cs.html

22） 朝日新聞 DIGITAL 2011.5.24 放射性物質、「地表5センチ以内に9割　広島大など調査」

　　 http://www.asahi.com/special/10005/OSK205230147.html

23） 山口紀子・高田裕介・林健太郎・石川覚・倉俣正人・江口定夫・吉川省子・坂口敦・浅田景・和穎朗太・牧野知之・赤羽幾子・平舘駿太郎 2012 土壌─植物系における放射性セシウムの挙動とその変動要因　農環研報 31　75-129.

　　 http://www.niaes.affrc.go.jp/sinfo/publish/bulletin/niaes31-2.pdf

24） 日本土壌肥料学会　土壌・農作物等への原発事故影響 WG 2011c「放射性セシウムに関する一般の方向けの Q&A による解説」

　　 http://jssspn.jp/info/secretariat/4137.html

25） Tsukada, H., A. Takeda, S. Hisamatsu and J. Inaba 2008 Concentration and specific activity of fallout Cs-137 in extracted and particle-size fractions of culti-

第四章　東北地方太平洋沖地震・津波、福島第一原子力発電所事故による食の生産基盤の損壊と復旧

vated Soils.

Journals of Environmental Radioactivity, 99, 875-881.

26）農林水産省 2011「稲の作付制限に対する考え方」

http://www.maff.go.jp/j/kanbo/joho/saigai/ine_sakutuke.html

27）農林水産省 2017「農林水産物に含まれる放射性セシウム濃度の検査結果」

http://www.maff.go.jp/j/kanbo/joho/saigai/s_chosa/index.html

28）信濃卓郎 2016「原発事故被災地の農業再生に向けた対策技術研究の貢献と課題」、『土と肥料』講演会要旨　日本土壌肥料学会

http://jssspn.jp/info/file/%E8%AC%9B%E6%BC%94%E8%A6%81%E6%97%A8%EF%BC%8D%E4%BF%A1%E6%BF%83%EF%BC%88%E4%BF%9D%E8%AD%B7%EF%BC%89.pdf

29）Kato N., N. Kihou, S. Fujimura, M. Ikeba, N. Miyazaki, Y. Saito, T. Eguchi, S. Itoh 2015 Potassium fertilizer and other materials as countermeasures to reduce radiocesium levels in rice: Results of urgent experiments in 2011 responding to the Fukushima Daiichi Nuclear Power Plant accident. Soil Science and Plant Nutrition 61, 179-190.

30）農研機構 2012「茶樹における放射性物質対策」

https://www.naro.affrc.go.jp/training/files/reformation_txt2012_c40.pdf

31）農林水産省 2012「普及活動事例　福島県果樹の除染技術普及による原子力災害からの復興」

http://www.maff.go.jp/j/seisan/gizyutu/hukyu/h_zirei/pdf/7-07fuku_shima1.pdf

32）Sato, M., K. Abe, H. Kikunaga, D. Takata, K. Tanoi, T. Ohtsuki, and Y. Muramatsu. 2015 Decontamination effects of bark washing with a high-pressure washer on peach [*Prunus persica* (L.) Batsch] and Japanese persimmon (*Diosoyros kaki* Thunb.) contaminated with radiocaesium during dormancy. The Horticultural Jornal. 84 295-304.

33）朝日新聞 2017.2.6「帰還困難区域　解除 5%」

34）復興庁 2016「原子力災害自治体における住民意向調査結果」

http://www.reconstruction.go.jp/topics/main-cat1/sub-cat1-4/ikoucyousa/20160304_27ikouchousakekka.pdf

35）朝日新聞 2016.12.10「東電、30 年完済プラン」

36）寺田寅彦 2015『災害と人間　地震・津波・台風・火災の科学と教育』やまねこブックレット 6　㈱仮設社

【参考図書・文献】

瀧澤公子・室伏きみ子編著 2012『サイエンスカフェにようこそ！─地震・津波・原発事故・放射線─』富山房インターナショナル

第二部

開沼博 2015『はじめての福島学』㈱イーストプレス

一ノ瀬正樹 2013『放射能問題に立ち向かう哲学』筑摩書房

浅見輝男 2011『福島原発大事故　土壌と農作物の放射性核種汚染』㈱アグネ技術センター

農業と経済編集委員会 2012『放射性物質と食品・健康リスク　消費者心理にどう答えるか』農業と経済　臨時増刊号

広河隆一 1991『チェルノブイリ報告』岩波新書 168 ㈱岩波書店

大島堅一 2011『原発のコストーエネルギー転換への視点』岩波新書　㈱岩波書店

日本土壌肥料学会 2014『放射能土壌汚染対策特集』日本土壌肥料学会誌　85、71-167.

日本土壌肥料学会 2015『進歩総説：津波被災農地土壌の実態調査と除塩対策』日本土壌肥料学会誌　86、376-468.

三浦憲蔵、伊藤豊彰、石黒宗秀、佐藤喬、菅野均志、阿部倫則、後藤逸男　2016,「津波被災農地の営農再開における土壌肥料分野の貢献と課題」日本土壌肥料学会誌　87、153-158.

「読者のためのブックガイド」

1．寺田寅彦 2015『災害と人間　地震・津波・台風・火災の科学と教育』やまねこブックレット 6　仮設社

　　　著者の寺田寅彦（1878-1935）は、明治以後の日本のもっとも独創的な物理学者の一人として、また日本に科学随筆という新しい文学の一領域を開いた人として知られる。本書は、彼の数多くの随筆の中から地震・津波・台風・火災などの災害に関わるものを集め再編集された小冊子である。なかでも「津波と人間」は、昭和 8 年（1933）の三陸沖地震津波の直後に書かれたもので、数十年あるいは数百年の時を経て繰り返し来襲する地震・津波を物語風にわかりやすく自然現象として伝えている。たとえば、「困ったことに「自然」は過去に忠実である。地震や津波は新思想の流行などには委細構わず、頑固に執念深くやってくるのである」と表している。その一方で、大災害を未然に防ぐことができずにいる理由については、「人間界の人間的自然現象」と表現し詳しく説明している。六篇の随筆を集めた小冊子であるが、「震災と人間の関係」を鋭く突いた内容が詰まっている。

2．伊藤公紀　2011『これだけ知っていれば安心！　放射能と原発の疑問 50』　日本評論社

　　　原子力や放射能の話にでてくる言葉や内容は、時に馴染みがなかったり理解できなかったりすることが多い。そんな時に役に立つ本である。通読するのがベストだが調べたい項目を拾い読みすることもできる構成となっている。内容は、一章　日本に原発はいらない？　2 章　放射線はどのようなものか？　3 章　原子力発電の仕組みはどうなっているのか？　4 章　福島第一原発事故はなぜお

第四章　東北地方太平洋沖地震・津波、福島第一原子力発電所事故による食の生産基盤の損壊と復旧

きたのか？　5章　放射線の安全基準は大丈夫か？　6章　原発に替わるエネルギーはあるのか？　である。全体で 50 の疑問（Q）にそれぞれ 2–6 頁を使って答えている。例えば Q11 は「放射能、放射線、放射性物質はどの様に違うのでしょうか」である。著者は、原発の問題については、まず広い俯瞰的な視野から様々な角度で見る必要があると考えており、本書はそのような作業を行っていくための資材との位置付けで書かれている。

3．中西友子 2013『土壌汚染　フクシマ放射性物質のゆくえ』NHK 出版

　　著者は放射線並びにアイソトープを利用した植物生理学研究の第一人者である。第一章で土壌と放射能汚染、第二章で汚染の実態、第三章で放射性物質は循環するか、そして第四章でこれからの除染はどうあるべきかが書かれている。第一章では本書を読むにあたっての基礎となる部分で、土壌とは何か、放射能とは何か、汚染と科学的分析、土壌の汚染について詳しく説明している。第二章では農作物汚染の仕組み、コメ、果樹、家畜、野生動物、魚等の汚染実態を述べ、第三章では森林、生物系での放射性物質の循環、きのこに蓄積する放射能について説明し、第四章では除染の具体的な手段、食品の安全について述べている。福島第一原発事故から二年半を経た段階でそれまで明らかにされてきたことをまとめた内容で、部分的には専門分野まで踏み込んでいる。土壌汚染、食品（農林生産物、野生キノコ、野生山菜等の採取物、鳥獣捕獲物、漁獲・養殖物）汚染について深く知りたい人には最適な一冊である。

4．黒川清 2016『規制の虜　グループシンクが日本を滅ぼす』講談社

　　著者は福島第一原発事故の根本的な原因を調査するために、国会に設置された日本憲政史上初となった「東京電力福島原子力発電所事故調査委員会」（国会事故調）の委員長を務めた。国内外の大学医学部教授、日本学術会議会長、内閣特別顧問、WHO コミッショナーなど幅広い分野で活躍してきた経験と知識をもとに、リーダーとして福島第一原発の根本原因を探るとともにその過程で見えてきた日本社会の抱える問題について鋭く切り込み論述している。第 1 部「ドキュメント　メイキング・オブ・国会事故調」では、国会事故調の立ち上げから報告書提出までのプロセスを中心に述べている。福島第一原発事故は自然災害ではなく規制する側（経済産業省原子力安全・保安院や原子力安全委員会など）が規制される側（東京電力などの電力会社）に取り込まれたこと（「規制の虜」）に陥った「人災」であると結論付けた。第 2 部「3.11 がうかびあがらせた日本の「病巣」」では、広い意味での日本社会の問題点を中心に考察している。著者の視野は広い。福島原発事故に対する日本の対応を見た海外の国々がどのように日本を評価しているかなどグローバルな視点まで含んだ多視座から論考している。

5．遠藤保雄 2012『原発事故と食品安全—農林水産業再建と食品安全確保への試練—』農林統計出版

　　著者はかつて農林水産行政と環境行政に関与した経験を持ち、今は大学で「社会の安全・安心論」について教育研究している。「食はいのち」との視点を踏ま

105

第二部

　え、①放射性物質による汚染、②食品の安全管理、農林水産物の生産管理、③除染対策、④農林水産業への迅速な賠償とその再建への着手、⑤食の安全・安心の回復と農林水産業の再建、⑥無用な風評被害の回避・排除と国際的な威信の回復との項目を掲げ解説している。福島第一原発事故によって生じた農林水産業が関わる様々な問題に対して、国や地方自治体がどのように対応していったのかについて詳細に描かれている。

第五章　防災（減災・「正しく怖がる」）
～自然に対する「畏敬の念」を学び直す～

佐藤　健

はじめに

　小学校高学年の道徳の学習の中に、「自然は人間の力をはるかに超えたものであり、人間の力が及ばない自然の偉大さを理解し、自然に学ぶ態度を身に付ける」ということを取り扱う単元がある。現実の地震や津波といった自然の振る舞いも人間の力をはるかに超えたものである。しかし、109頁コラム①の片田敏孝教授の指摘のように、どんな規模の自然災害からも行政が完全に護ってくれていると一方的に思い込んでいる国民が増えていないだろうか。

　また、この道徳の単元では、「人間の力を超えたものに対する畏敬の念をもつ」こともあわせて学ぶことになっている。人間の力を超えたものとしての自然にも、恵みと災いの二面性があり、畏敬の念をもつ必要がある。日常的には、自然の恵みによる生業での暮らしがあり、温泉や自然景観も楽しむことができ、人間にとって大変ありがたいものである。しかし、時により自然は私たち人間社会に対して災いをもたらし、人間は畏れを抱くことになる。自然が豊かで恵みも多いがゆえに自然災害のリスクも抱えているわが国において、自然に対する「畏敬の念」をもつことを忘れてしまっている国民が増えていないだろうか。

　東日本大震災の経験と教訓から、ハードの防災施設でまもられ、かつ高度化された現代社会で生活する私たちが、自分が生まれ育った土地や、今生活しているローカルな地域の自然と歴史を、改めて学び直すことが求められていると考える。

　さて、東日本大震災を引き起こした東北地方太平洋沖地震（マグニチュード9.0）とそれによる巨大津波は、発生頻度が極めて稀なため、「低

第二部

頻度巨大災害」と称される。防潮堤や河川堤防などあらゆる防災施設は、人間社会が決めた設計用外力によって設計されていることはもちろんのこと、設計対象がその外力を受ける頻度や確率を工学系の防災研究者は知っている。一方で、一般市民はどの程度の発生頻度の自然の振る舞いに対して、防災施設が設計されているのかの知識を持っていない。従って、極めて低頻度の自然の振る舞いに対して、いわゆるハードの防災には限界があることについて、専門家と一般市民の認識の間には大きな隔たりが存在する。

　また、発展途上国における防災施設の設計用外力は、整備費用の側面からも先進国との比較において相対的に低く設定される傾向がある。そのため、仮に自然のハザードが同程度であっても、結果として人間社会に及ぼすリスクの大小に反映されることになる。加えて発展途上国では厳しい自然ハザードに曝されている人口規模が大きいことも相まって、1回の災害発生で莫大な人的被害が発生しやすい要因ともなっている。自然災害に対するリスクの低減に向けて、市民一人ひとりが生活しているそれぞれの地域における過去の災害履歴を学び直すことで、当該地域が本来持っている自然条件を認識することができる。例えば、低地であっても僅かでも比高の高い水はけのよい土地に暮らし、なるべく自然災害の被害を受けないように自分たちで考え、自然と調和しながら工夫して暮らしてきた先人の知恵を目の当たりにすることになる。その学びは、想定を超える低頻度の自然の振る舞いに対しても、事前のリスクマネジメント（予防）と直後のクライシスマネジメント（緊急対応）の能力形成に貢献する。

　改めて、「自然は人間の力をはるかに超えたもの」である。自然と調和しながら暮らす人々の知恵を学ぶプロセスでは、自然に対する「畏れ」としての災害の側面だけでなく、自然に対する「敬い」としての恩恵の側面の二面性をいやおうなく理解することになる。本章では、災害に強い地域づくりと、持続可能な地域づくりとの両立に向けて、自然に対するこの「畏敬の念」を学び直すことが重要となることを幾つかの事例を

第五章　防災（減災・「正しく怖がる」）

交えながら述べる。

コラム①　自然災害のリスクの時代変遷

　ハードの防災施設がなかった時代、発生頻度の高い小さなハザードに対して、比較的小さな被害（リスク）を繰り返し経験することにより、自分たちが住んでいる地域の自然との関わりを人々は理解することができていた。例えば、洪水のときは、いつもあの辺りが浸水し、浸水深も大きいという経験から、あそこに住むのは適切ではないという判断をしたり、あの辺りの湿地帯は蓮田にでもしておこうと住民が自分たちの問題として主体的に考えることができていた。

　ところが、河川堤防や防波堤といったハードの防災施設が構築されると、発生頻度の高い小さなハザードに対して、比較的小さな被害（リスク）はほとんど消滅した。比較的小さいとはいえ、何回も繰り返す被害（リスク）がなくなったため、ある程度の長期間、災害を受けずに安定した生活を送ることができるようになった一方で、人々が自然の振る舞い（災害）について主体的に考えることを放棄しがちになった。

　その結果、想定を超える巨大なハザードに対しては、人々の災害に対する脆弱性が高まっていたために、一網打尽に大きな被害（リスク）を受けてしまう社会構造を生み出してきていた。

　　　　片田敏孝（当時、群馬大学教授）による静岡大学災害社会学特別講義（第1回地域防災ゼミ「これからの大地震津波に備える〜釜石市津波防災教育に学ぶ〜」、平成25年4月20日（土））より

第一節　三陸沿岸地域の津波災害履歴の概観

　2011年東北地方太平洋沖地震は、青森県から千葉県に至る広範囲な

第二部

沿岸部に対して、甚大な津波被害をもたらした。マグニチュード9.0という地震はそう頻繁には発生しない。過去に東北地方の太平洋沿岸に影響を及ぼした同規模の巨大地震による津波災害として、1611年慶長奥州地震津波や869年貞観地震津波が東日本大震災後に一般市民でも認識できるようになった。また、マグニチュード8クラスの地震により三陸沿岸に影響を及ぼした近年の津波災害として、明治三陸津波と昭和三陸津波をあげることができる。それぞれの津波による被害概況を表1に示す[1]。明治三陸も昭和三陸も震源域が岩手県の三陸沿岸であり、宮城県の牡鹿半島を回り込んで仙台湾に伝播する津波は確かに確認されてはいるものの、三陸沿岸との比較において仙台湾での津波の高さとその被害は相対的に低いことが表1から明らかである。宮城県沖が震源域となったマグニチュード8クラスの地震は、1793年2月17日の宮城県沖地震（マグニチュード8.2程度）まで遡ることになる。宮城県沖地震の最近の活動を表2に示す。マグニチュード9クラスに対して、マグニチュード8クラスの地震の場合は、震源域（断層面積）が狭まるため、津波による甚大な影響範囲も相対的に狭くなる。

要するに、一口に東北地方の太平洋沿岸と言っても、宮城県の仙台湾から南部の沿岸地域にとっての津波による災害履歴や災害文化は、岩手県の三陸沿岸のそれとは大きく事情が異なると言える。例えば、コラム②で紹介した震嘯記念館が昭和三陸津波後に宮城県内に32か所建設されたものの、当初は資料なども置いてあって津波防災に関する啓発・教育の機能もあったが、記念館の建物自体も次第に消滅していった経過をたどっており[2]、岩手県の三陸沿岸とは異なり、特に宮城県の仙台湾から南部の沿岸地域にとっては、津波文化が定着しきれているとは言い難い状況を確認することができる。

なお、表2は地震調査研究推進本部長期評価部会による想定宮城県沖地震の発生確率の長期評価において、マグニチュード7.5クラスの平均活動間隔が37.1年と評価された算出根拠となっている過去200年間程度の活動である。宮城県や仙台市による地震被害想定調査における想定

第五章　防災（減災・「正しく怖がる」）

表1　明治三陸津波と昭和三陸津波による被害概況

発生年月日	死者数（人）	備考
明治三陸津波 明治29（1896）年6月15日	岩手県：18,158	宮城県内の死者の発生は、唐桑から牡鹿半島の先端の鮎川や大原までであり、仙台湾に面した地域での発生はない。
	宮城県：3,387	
昭和三陸津波 昭和8（1933）年3月3日	岩手県：2,658	
	宮城県：307	

表2　宮城県沖地震の最近の活動

発生年月日	前回地震からの経過年数	地震規模	備考
1793年2月17日		M8.2程度	連動
1835年7月20日	42.4年	M7.3程度	単独
1861年10月21日	26.3年	M7.4程度	単独
1897（明治30）年2月20日	35.3年	M7.4	単独
1936（昭和11）年11月3日	39.7年	M7.5	単独
1978（昭和53）年6月12日	41.6年	M7.4	単独

地震において、マグニチュード7.5クラスの宮城県沖地震を単独モデルと位置付けられている根拠である。また、単独モデルの震源域に加えて周辺のすべり域も連動し、マグニチュード8クラスの規模となる想定地震を連動モデルと称した。

　なお、東北地方で近年、被害を受けた津波として、昭和チリ地震津波（昭和35（1960）年5月24日）がある。岩手県で61人、宮城県でも44人の死者が発生した。宮城県内の死者のうち、志津川だけで37人となっていることに加えて、塩釜や石巻でも各2人の死者が発生している。三陸沿岸や宮城県沖を震源とする地震による津波と、いわゆる遠地津波と呼ばれる津波による被害の発生分布は性質が異なることが示唆される。

コラム②　宮城県昭和震嘯誌
第五編　雑録　第二章　記念事業　第一節　記念館の設立

111

第二部

　　三陸沿岸に古來震嘯の災禍多きは、これ歴史の明示する處にして、近きは、明治二十九年六月にも、これが爲、沿岸住民は多大の犠牲を拂ひたり。縣に於ては、深く之に鑑みる處あり、今回の災害を契機として、各部落毎に災害記念館を建設せんと欲したるも、諸種の事情により、之が實現し難きものあり。仍て、配給方を縣に委任せられたる義捐金中、拾萬圓を以て、公共施設費とし、被害程度及び戸數等を斟酌の上、縣に於て指定したる部落三十二箇所をトし、之を設置する事となせり。（第四編復舊・復興第五章精神作興の運動第六節復興記念館の條參照）即ち、その設置目的は、震嘯災の如き非常時に於ては、部落民の避難揚所とし、常時に於ては、共同作業揚及隣保扶助事業に使用するものなり。而して、共同作業としては、節削、鹽干、乾魚製造、漁具漁網修繕、藁工品、竹細工、家庭木工等に從事し、隣保扶助事業としては、託兒、講習會、講演會、圖書館、職業教育、夜學、母ノ會、子供クラブ、活動寫眞、人事相談、その他各種集會に利用せしむるにあり。その設置場所は、部落民の集合に便利にして、且つ高臺の地を選定し、經營主體は、之を該記念館の關係町村、又は、同上町村の社會事業協會に屬せしむる事となしたり。

第二節　岩手県大船渡市越喜来地区における災害文化の伝承

　越喜来は、慶長 16（1611）年に発生した慶長奥州地震津波に越喜来湾付近の海上で遭遇したスペイン人探検家のセバスチャン・ビスカイノが、ノエバ・エスパーニャ副王に宛てた「ビスカイノ報告」の中にも見られる地名である[3]。この 400 年前の津波被害だけでなく、1896 年（明治 29 年）の明治三陸地震津波や、1933 年（昭和 8 年）の昭和三陸地震津波など、越喜来は津波と闘ってきた歴史を有する地区の一つである。

　津波に対する災害文化が根付いている岩手県大船渡市立越喜来小学校では、東日本大震災以前から、津波避難の計画と訓練を通して、学校・

第五章　防災（減災・「正しく怖がる」）

家庭・地域の間に学校の安全計画に関する共通理解が得られていた。その取り組みの重要性と、実際の震災対応から得られた防災管理上の教訓について紹介する[4]。

　このような歴史を持つ地区に立地する越喜来小学校では、津波に対する避難マニュアルが東日本大震災の前から整備されており、その計画に従って津波を想定した避難訓練も実施していた。避難場所としては校舎上階への避難は最初から考えずに、高台にある南区公民館（大船渡市の指定避難所）に避難することとしており、東日本大震災直前の2011年3月9日に発生した地震の際にも南区公民館への避難を実施している。南区公民館は、保護者もよく知っている避難場所であり、津波警報が解除になるまで学校へは戻らないことになっていることを共通理解としていた。津波に対する避難行動を家族間で共有しておくことにより、「津波てんでんこ」を実現しやすい状況を生み出すことができる。

　また、越喜来小学校には校舎2階から避難経路上の道路に直接アクセスできる津波避難のための非常用通路（図1）が東日本大震災以前に整備されており、3月11日の当日も避難時間の短縮につながった。この非常用通路がなければ、多くの児童は1階の昇降口にいったん降りてから校舎外へ避難することになる。なお、この非常用通路の設置は、学校からの要望ではなく、子どもたちをまもろうとする地域住民からの設置要望によるものである。さらに、東日本大震災以前から毎年4月と3月に津波を対象とした避難訓練を実施しており、4月の避難訓練では、「津波教室」と題して、昭和三陸津波の経験者からの講話や映像での学習を全校児童を対象に開催していたことから見ても、津波文化の定着をうかがうことができる。

　東日本大震災時の越喜来小学校がある場所での津波の浸水深は、鉄筋コンクリート造3階建ての校舎3階まで達した。そのため、もし校舎避難を選択していた場合は、深刻な事態を招いた可能性が高い。越喜来小学校（図中の○印）の周辺地形と浸水域を図2に示す。学校敷地は越喜来湾の沿岸から数百メートルの東日本大震災の浸水域内の低地にある

113

第二部

図1　越喜来小学校の非常用避難通路

図2　越喜来小学校の周辺地形と浸水域

が、比較的短い距離で道路を使って三陸鉄道南リアス線三陸駅方面の高台に避難しやすいロケーションとなっている。

3月11日当日は、前述した非常用通路を経由し、三陸駅前広場への1次避難、指定避難所でもある南区公民館への2次避難を行い、ここまでは避難計画通りの行動となっている。南区公民館の場所から津波の状況の監視を継続した結果、南区公民館からさらに標高の高い道路上に3次避難も行っている。津波の高さがこれ以上高くならないという判断と寒さにより南区公民館に戻り、南区公民館で一夜を明かした。結果として、地震発生時に学校にいた71名の児童は、津波襲来前の1次避難場所の三陸駅前広場で引き渡した児童を含めて全員が無事であった。コラム③に示す通り、事前のリスクマネジメントと直後のクライシスマネジメントの両面から越喜来小学校の事例を通して多くの震災教訓を学ぶことができる。

コラム③　越喜来小学校から学ぶ震災教訓

リスクマネジメントの主なポイント

・学校は高台にある南区公民館を避難先とした津波に対する避難計画を震災以前から持っていた。

・毎年2回、津波を想定した避難訓練を避難計画に基づいて実施

第五章　防災（減災・「正しく怖がる」）

していた。
- 子どもたちの避難時間を短縮するための非常用通路（昇降口を経由しないで校舎から直接、道路へ出るための施設）を整備していた。
- 保護者・地域住民は津波に対する学校の避難計画を共有し、理解していた。

クライシスマネジメントの主なポイント
- 3月11日当日、避難計画通りの避難行動をとった。
- 津波は校舎3階まで浸水したが、津波が学校に襲来する前に子どもたちは無事に避難できた。
- 学校管理職は避難先でも津波の状況を常に監視しながら、より標高の高い場所への段階的な避難行動をとった。
- 子どもたちの保護者への引き渡しは学校ではなく高台にある南区公民館で安全に実施できた。

第三節　宮城県仙台市七郷地区に存在した郷土史資料とその価値

　仙台市若林区にある仙台市立七郷小学校は、東日本大震災の発生から2年後の平成25年4月より、文部科学省から防災教育に関する研究開発学校としての指定を受け、平成28年度末までの4年間をかけて、防災教育を中心とした安全教育のカリキュラム開発に取り組み、新領域「防災安全科」と称するカリキュラムを体系化した。授業時数は全学年ともに年間30〜35時間程度であり、研究開発学校では、教育課程の特例が認められるため、防災関連の内容が含まれている既存の各教科・領域から、内容の一部を防災安全科に移行してカリキュラムを構築した。実際の授業では、単に防災に関する知識を与えるのではなく、状況を自分のこととして捉える、自ら知識を習得する、得た知識を活用するような、児童の主体的な学びのプロセスが重要視された[5]。このプロセスにおいて、地域素材や地域人材といった地域の学習材の授業での利活用が大き

115

第二部

なポイントとなる。

さて、この七郷小学校が置かれている七郷地区の自然環境と歴史を概観してみる。明治22年4月1日の町村制施行にともない、荒井村・伊在村・霞目村・蒲町村・長喜城村・六丁目村・南小泉村・荒浜の計8か村が合併して七郷村が発足し、昭和16年には宮城郡七郷村は仙台市に編入された。七郷地区の自然環境については、太平洋に面した沖積平野で、標高は大部分が5m以下である。自然堤防や浜堤列といった微高地やその後背湿地、旧河道がわずかな起伏をもって入り組んで分布し、地盤は極めて軟弱な自然環境となっている[6]。

このような自然環境ゆえに、七郷地区は繰り返し自然災害に見舞われてきた。東日本大震災の津波被害に関しては、七郷小学校敷地こそ浸水しなかったものの学区内は甚大な浸水被害を被った。また、近隣に位置する七郷中学校の校庭において計測震度6.5（震度7）を観測したことは軟弱地盤であることを裏付ける。さらに、昭和22年キャサリン台風、昭和23年アイオン台風などでも洪水による浸水被害を幾度となく被った。昭和53年宮城県沖地震では、小学校区別の木造住宅の全壊棟数において、七郷小学校区では88棟と長町小学校区に次いで仙台市内で2番目に多かった記録がある[7]。

このような七郷地区において、津波防災に活かすべき貴重な郷土史資料の存在が明らかになった[8]。村の農協単位に作られた有線放送が存在した昭和の時代に、七郷地区でも朝昼晩と1時間程度、役場や農協からのお知らせや地域の身近な情報を伝えていた。昭和34年から36年にかけて毎週土曜日の昼休みに「郷土の史話」シリーズとして、七郷小学校の第15代校長の渡邉喜惣治氏が退職後、全95回にわたり七郷の歴史や郷土人を中心に講話を行った[9]。昭和35年8月には4話連続で津波を話題としている（表3）。1960（昭和35）年5月に日本各地に被害をもたらしたチリ地震津波の発生が背景になっていると思われる。七郷地域が太平洋沿岸部に位置するとはいえ、三陸沿岸とは違って大きな津波災害を受ける頻度が低い仙台湾に面した地域でありながら、災害研究者では

116

第五章　防災（減災・「正しく怖がる」）

決してない渡邉喜惣治氏が明治三陸、昭和三陸の津波だけでなく、慶長や貞観の津波を一般村民に伝えていた状況に敬意を表したい。仙台平野では貞観を含めて過去 3,000 年間に 3 度の津波遡上があったことを公表した箕浦らによる地質学の研究成果[10]は 1991 年のことであり、飯沼勇義氏が郷土史研究家の立場で「仙台平野の歴史津波」[11]を刊行し、巨大津波に対する施策の必要性を提唱したのは 1995 年である。渡邉喜惣治

表3　「郷土の史話」シリーズの放送原稿（抜粋）

放送回	放送内容の抜粋
No.63 貞観年代の 大津波の話 （昭和 35.8.6）	今日は仙台の七夕祭りですので大空の牽牛星と織姫星の涼しい天の川での恋物語でも語ればよい訳ですが、敢えて地震、雷、大津波の話しを申し上げなければならないのです。（中略）今月八月一杯は大津浪の話をいたしましょう。（中略）三大実録にこう書いてあるのであります。漢文で書いてありますから一度解釈を加えながら読んでみましょう。陸奥の国、地大いに震動。（後略）
No.64 慶長年代の 大津波の話 （昭和 35.8.13）	一千年前の貞観十一年の大地震大津浪から七百年経って二度目の大津浪が又々私共の郷土に襲来したので御座いました。（中略）この大津浪の被害状況は仙台藩の公文書歴史にこう記録されています。一慶長十六年辛亥十月二十八日封内に藩内に大地震と海嘯（津浪のこと）あり（中略）惨死者男女一、七八三人、牛馬八五頭（中略）我が郷土の先祖達がこれまで（後略）
No.65 明治年代の 大津波の話 （昭和 35.8.20）	（前略）明治二十九年六月十五日の三陸大津波これは非常に大きいものでした。明治二十九年は紀元一八九六年（中略）私自身が小学校の一年生で前の晩には大きな地震があり（中略）寝床からはねおきて雨戸をあけてはだしで飛び出し地面の割れない所に避難しようといろいろあせった経験をよくおぼえています。（中略）行方不明死者は二万六千九百九人と報告されています。（後略）
No.66 昭和年代の 大津波の話 （昭和 35.8.27）	（前略）その後は昭和八年三月三日のやはり三陸を襲った大津浪がありました。相当大きな被害があったので災は忘れた頃来るという話を忠実に守ったのにもその日から現在の今日に至るまで三月三日を津波の記念日とし（中略）又津浪は湾の形でその高さが大きく左右される。ある湾では被害がひどいのに隣の湾では大したことがないというような事もあり得る。我が荒浜深沼海岸には（後略）

第二部

氏の放送はそれらより 30 年以上も前の時点である。津波に関する話題の他にも「郷土の史話」の内容は、地元学にとって貴重な学習材と言える。なお、「郷土の史話」シリーズの手書きの放送原稿は、仙台市博物館が実施している文化財レスキュー活動の一環[12]で、渡邉喜惣治氏の後裔から仙台市博物館に譲渡されたものである。

　表3に示すような学習材は、一般論の学びでは得られない地域に根差した防災教育の実践において高い価値を持つ。一方で、地域素材を生かした防災教育をしようとする教員側の課題として、地域にある様々な学習材について情報を収集する方法についての知識や、それを教材化するにあたって専門的知識が不足していること、体験的な学習を行う環境づくりを地域と協力して進める上でのスキルがない、などといったことが挙げられている[13]。このことから、地域に存在しながらも埋もれている貴重な学習材の効果的な活用法や積極的な掘り起こしについて、教育実践者と教育支援者との協働をすすめることが必要不可欠である。

第四節　岩手県宮古市立藤原地区における自然の二面性をふまえた地域学習の事例

　岩手県宮古市立藤原小学校のある宮古市藤原地区は、閉伊川の河口部、宮古湾の最奥部に位置しており、東日本大震災において学校区のほとんどが浸水し、甚大な津波被害が発生した。藤原小学校は、校庭が浸水したものの、校舎までは浸水しなかったため、平成23年度の学校再開は自校で行うことができた。藤原小学校（図中の〇印）の周辺地形と津波による浸水域を図3に示す。

　宮古市藤原地区には、この120年間のうちに、明治29（1896）年の明治三陸地震津波、昭和8

図3　藤原小学校の周辺地形と津波による浸水域

118

第五章　防災（減災・「正しく怖がる」）

（1933）年 3 月の昭和三陸地震津波、昭和 35（1960）年のチリ地震津波
が来襲した。昭和 23（1948）年 9 月のアイオン台風でも浸水し、宮古
市内で最も多くの犠牲者を出している地域である。

　このような地域にある藤原小学校は、これだけの津波や洪水に遭って
も、藤原地区に人々が住み続ける理由——すなわち自然の恵みや水産加
工をはじめとした海のなりわいでの暮らし——を理解するための学習を
始め、平成 25 年度には岩手県の復興教育推進校の指定を受けている。4
年生の総合的な学習時間のメインテーマは、藤原地区の水産加工業であ
る。これは、震災以前からの学習テーマとなっているが、震災後にその
学習を復活した。例えば、宮古市の水産課職員や水産加工業者を招き、
藤原地区で水産加工が盛んになった理由と歴史、水産物の加工と商品に
ついて、震災復興と関連させながら学習している。5 年生、6 年生を対
象とした「地震・津波防災講座」では、国土交通省釜石港湾事務所の協
力を得て、海上からの防波堤の復旧工事の見学や、宮古市の瓦礫処理場
の見学など復旧・復興期でないと見ることができない施設を学習材とし
て積極的に活用している。

　藤原小学校の総合的な学習の時間を中心とした震災復興学習に対し
て、元 PTA 会長や在校生の保護者が学習支援者となって協力しており、
学習発表会には地域住民も参加している。このような学校と保護者、地
域との関係は、コラム④で紹介した宮城県南三陸町の事例でも見られる
ように、災害発生直後の混乱した中でも、地域の子どもたちのこと（日
常的な学校の運営協力に加えて、災害時の早期再開・教育機能の維持）
を第一に考えることができる地域として、日常的に学校とともにある地
域づくりによって育まれるものであると考える。災害に強く、かつ持続
可能な地域づくりにとって、大きなヒントを得ることができる事例と言
える[14]。

コラム④　学校と子どもたちを最優先する地域コミュニティ

第二部

> 閉鎖的で外部者を受け入れない体質の伊里前契約会が、東日本大震
> 災発生直後に、RQ市民災害救援センターの支援を受け入れ、契約
> 会が最初に支援を要請したことは、学校と神社の片付けであった。
> また、契約会として5月の(震災直後で何もない)段階であっても、
> 学校に対してワカメの生態に関する授業協力を申し出た。
>
> 　　　　日本学術会議公開シンポジウム「災害と環境教育—内発的な
> 　　　　ESDからの復興の道筋の展望—」(2013年3月17日)、阿部
> 　　　　正人教諭(当時、南三陸町立伊里前小学校)の講演より

※　契約会:「契約講(けいやくこう)」と言う相互補助の今で言う隣組。
　　伊里前契約会は隣組の単位を「合」と呼び、今まで続いている。「契
　　約講」が明治前に「契約会」になり、世襲制の会員構成となってお
　　り誰でも入会できるわけではない。伊里前契約会は土地や山も持っ
　　ている。

第五節　宮城県大崎市岩出山地区における地域に根差した防災教育の事例

　宮城県では、「みやぎ防災教育副読本」を活用した防災教育を推進するために「みやぎ防災教育推進協力校事業」を平成26年度から実施している。ここでは、この事業のモデル校の一つとして大崎市立岩出山小学校において取り組まれた防災教育の事例を紹介する[15),16)]。地域に根差した学び、地元学のアプローチを防災教育に取り入れているところが大きなポイントである。

　大崎市は奥羽山脈から江合川と鳴瀬川の豊かな流れによって形成された、広大で肥沃な平野「大崎耕土」を有する。大崎市の中で岩出山は伊達政宗が慶長8年に治府を仙台に移すまで12年の間、本拠をおいた豊かな自然と歴史に恵まれた地域である。旧岩出山町は2006年3月31日に古川市をはじめとする1市6町が合併し大崎市となった。岩出山小学

校は、宮城県教育委員会が編集した「みやぎ防災教育副読本（未来への
きずな）」の活用に加えて、岩出山小学校独自の副読本と位置付けられ
るような防災教育教材を主幹教諭が中心となり作成した（図4）[17]。その
教材は、防災に関する一般論ではなく、岩出山の地域に根差したローカ
ルな情報で構成されている。平成27年度に作成されたこの教材のタイ
トルは、「地域を学び、地域を愛する子どもを育てる防災教育（歴史編・
現代編）」となっており、地域に根差した防災教育を重要視しているこ
とがうかがえる。翌年、「地域と学校が連携した持続可能な防災・安全
教育（新歴史編・新現代編）」として、内容の充実を図り増補改訂を行っ
た。充実化の例としては、昭和22年カスリン台風や昭和23年アイオン
台風時の岩出山地区における水害のようすを、地元出身で岩出山小学校
の元校長が自分の体験記憶を絵で描写したものや、岩出山小学校の当時
の学校日誌等も追加掲載し、臨場感あふれる、岩出山地区にとって宝物
と言えるような貴重な教材が創造された。

　現代編のページには、台風18号の大雨（平成27年関東・東北豪雨）
の影響で平成27年9月11日に発生した渋井川（大崎市古川地区）の堤
防決壊による浸水被害の情報に加え、子どもたちにとって身近な地元の
岩出山で発生した、大規模でないながらも土砂災害や浸水被害について
も学習することができる（図4（a））。さらに、新歴史編のページには、
岩出山における災害履歴に関する貴重な情報が豊富に掲載されているこ
とに加え、伊達政宗により人工的に築造された水路としての内川の恩恵
（自然の恵み）も記載されている（図4（b））。日常的にはプールがなかっ
た時代の水遊び場だったことや、豊富な水を活かした水力発電や製糸工
場などの産業を水力が支えていた歴史について写真を交えて学ぶことが
できる。なお、内川は歴史的・技術的・社会的価値のある灌漑施設とし
て、平成28年11月8日に世界かんがい施設遺産に認定されている。災
害の側面だけでなく、岩出山の自然の恵みや魅力といった二面性を学ぶ
ことができ、かつ岩出山という地域に根差した豊富な学習材で構成され
たこの教材は、子どもたちにとって身近ゆえに学習意欲を高め、高い学

第二部

(a) 現代編の情報例　　　　　　　　(b) 歴史編の情報例

図4　岩出山小学校で開発された防災教育教材

習効果も期待できる好事例と言える。本章のキーワードでもある「自然を正しく怖がる」ことを理解する上で、この教材を創造するプロセスを含めた岩出山小学校の事例は大きなヒントを与えてくれる。

　なお、この教材は、岩出山小学校の主幹教諭が中心となり作成されたものであるが、地域素材の提供や掘り起こしに当たっては、岩出山小学校を取り巻く多くの関係機関・関係者（ステークホルダー）が教材の編集に協力している。大崎市教育委員会文化財課、大崎土地改良区、宮城県北部土木事務所、岩出山小学校の元校長、地元の歴史をよくご存知の方などから提供された写真やインタビュー記事が掲載されており、学校と教師が地域の人材資源を上手に生かしている好事例となる。支援者から見れば、上手に学校を支援している事例となる。また、防災教育を中心とした学校安全の推進のための枠組みとして、モデル事業の期間内に学校・地域防災（安全）委員会が組織された。活動を推進する教員がたとえ異動しても、学校に枠組みが残り、学校を支援するマインドを持っ

第五章　防災（減災・「正しく怖がる」）

た地域のステークホルダーが存在すれば、活動の継続や発展を期待することができる。

第六節　宮城県石巻市鹿妻地区における復興教育の実践事例

石巻市教育委員会の協力のもと、筆者らが石巻市立鹿妻小学校に対して実践プログラムの企画提案を行い、平成24年度から第4学年の学年テーマ「復興マップづくり」が実践された[18]。その後、プログラムの改善や工夫を重ね、現在に至っている。鹿妻小学校での実践の蓄積が一定の評価を得ることとなり、「復興マップづくり」の実践モデル校を石巻市教育委員会が毎年指定し、実践モデルの蓄積と高度化を図っている。その実践の成果は学習指導案や成果物としての復興マップ、学習を指導した教員、学習者となった子どもたちの感想といった形で逐次、蓄積されてきている。平成28年度末には、これまでの成果を「復興・防災マップづくり」実践の手引き～郷土の自然と暮らしを知るために～（図5）として災害科学国際研究所防災教育国際協働センターが監修、発刊した。この手引きは石巻市立の全小中学校に配布され、実践モデルの普及に役立てられている。「復興マップづくり」の実践の概要について、地元地域との関わりを中心に紹介する。

(1) 実践プログラムの概要

実践プログラムの大まかな流れは、オリエンテーション、まち歩き（1回あたり90分を2回）、まち歩きの振り返りを含む情報整理作業、復興マップづくり、成果発表を標準プログラムとした。この

図5　「復興・防災マップづくり」実践の手引きの表紙

第二部

学習プログラムの基本構成は、日本災害救援ボランティアネットワークが開発した「わが街再発見ワークショップ（防災編）」[19]を基盤に、筆者らがアレンジと実践を重ねてきた経験に基づいている。活動の中核となる「防災まち探検」のプログラムは、実施場所ごとに異なる発見や学習が可能であり、達成目標の設定に応じてアレンジが可能な自由度の高い学習プログラムと言える。プログラムの全体概要は、文献[20],[21]に譲り、地域との関わりという観点からインタビュー活動とその学習効果について紹介する。

（2）インタビュー活動とその学習効果

　平成 25 年度からは、「防災まち探検」の際に、復興過程にある鹿妻地区における場所やものの状況を調べることに加えて、学区内の商店や水産加工場などに対する子どもたちによるインタビューを積極的に実施した。一例として、ある海苔問屋における実施例を表 4 に示す。インタビューでは、「鹿妻をよりよくするために、私たちにしてほしいことはありますか？」の質問を必ず行うようにした。この事例では、「鹿妻に住んでほしい」との期待を子どもたちが受け止めることになった。別のインタビュー先においても同様に、「地元の季節の野菜を食べてほしい」、「水産加工場では、大きくなったら水産関係の仕事についてほしい」、「大

表 4　インタビュー例

（1）震災でどのくらいの被害がありましたか？ 　　　Ans. 機械が津波で浮いてぶつかって壊れたので、中古の機械を買って再開しました。 （2）お店はいつから再開しましたか？ 　　　Ans. 2011 年 5 月です。地震から約 2 か月後でした。 （3）従業員さんは何人いますか？ 　　　Ans. 今はパートさん 9 人です。震災前は 8 人のパートさんだったのですが、震災で 3 人がやめて、新しく 4 人が働くようになりました。 （4）鹿妻をよりよくするために、私たちにしてほしいことはありますか？ 　　　Ans. 安全を確保した上で、地元（鹿妻）に住んでほしい。地元が復活して人が増えてほしいと思います。

第五章　防災（減災・「正しく怖がる」）

人は子どもたちから元気をもらっている」、「元気に学校に行ってくれるだけでいい」といった地域の方からの具体的な期待を子どもたち自身が確認できる機会となった。

　平成25年度は、活動を始める前の年度初めと、活動を終えた年度末に、子どもたちに対するアンケート調査を実施した。調査項目の中の「鹿妻の復興に、何か自分でも役に立ちたいと思いますか？」という結果について紹介する。図6がその結果であり、年間を通した学習の事前と事後の子どもたちの意識の変化が表れている。

　学習前の時点で「とてもそう思う」、「そう思う」の肯定的な割合は、あわせて約半数であり、特に「とてもそう思う」と回答した児童は全体の8%に過ぎなかった。「そう思う」と回答した中にあっても、「何ができるかわからないけど何か役に立ちたいと思う」という漠然とした想いで回答していることもわかった。一方で、「わからない」を含め「あまり思わない」、「思わない」といった否定的な回答の中には、「役立つことができないかもしれない」や「何をすればいいのかわからない」などが存在した。この状況に対して、学習後の同じ設問に対しては、「自分にもできる」、「自分も役に立ちたい」など肯定的かつ前向きな意識をもてるように大きく変化していることが確認できる。肯定的な回答の割合は、全体の約9割に増加した。これらの変化は、子どもたちにとって具体的で、かつ手が届くような期待を受け止める機会となった地域の方へのインタビュー活動の効果が大きかったものと考えている。教科書の学

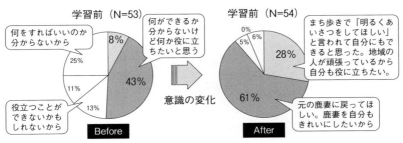

図6　子どもたちの意識の変化

第二部

習だけでは得られない学習効果の創造に地域の学習支援者が活かされた
事例と言える。

おわりに

　自然災害は、地域特性に強く依存するにも関わらず、地域に根差した
防災教育の実践に必要な教材や資料はまだ少ない。本章で取り上げた幾
つかの事例は、先進的な好事例であり、日本全国どの学校や地域でも同
じような教育活動が展開されているわけでは決してない。そして、教科
書に書いていない「ローカルな知」の教育を、短期間で異動を繰り返す
学校教員にだけ委ねることには無理がある。そこで期待されるのが学校
を取り巻く多様な支援者による「地域の教育力」の発揮である。大学も
地域の教育力の一翼であることも忘れてはならない。本章で扱ってきた
学校での防災教育を中心とした学校安全の推進にあたっては、「教職員
の資質・能力の向上には、自主的な研修を行うことが不可欠であること
から、大学や学会などの関係機関・団体は、学校安全に関する研修機会
の充実を図ることが必要である」と第2次学校安全の推進に関する計画
の策定についての答申で述べられている。このことから大学や学会に対
しては、社会からの期待がますます大きくなってきていると同時に、社
会のニーズに応えていくことが求められている。

　学校教育としての防災教育が重要であることに誰しも異論はない。し
かし、現時点で教科・領域になっていない防災教育は、○○教育の一つ
に留まっている。現在の学校教員の多くは、教員養成課程において防災
教育の教育法を修得していない。防災の一般論であっても限られた授業
時間数で、何をどう教えればよいのかを決めることは、決して容易なこ
とではない。地域に根差した防災教育の実践となると教員にとっての
ハードルは更に高くなり、実践は敬遠されがちになる。その実践上の課
題を克服し、かつ継続的な実践とするためには、学校を支援する人材に
よる地域の教育力の発揮が必要不可欠であり、学校教員には、地域の教
育力を上手に活かしきる受援力が必要となる。

第五章　防災（減災・「正しく怖がる」）

　コラム⑤にもあるように容易ではないながらも災害伝承の取り組みを含めた防災教育にとって普遍的なことは、地域ごとの自然環境と歴史を地域ぐるみで探り、深く理解すること、すなわち「地元学」のプロセスであると考える。地元学は、地域に根差した教育（Place Based Education : PBE）[22]とも言いかえられる。地域の歴史を学ぶ中では、自然環境と調和しながら暮らしてきた先人の知恵や災害履歴にも自ずと直面する。土地に根ざした学びとその探究は、防災に役立つことに加えて自然の恩恵を受けることを含めた持続可能な地域づくりにとっても重要な「知」を生む。自然を正しく怖がるためには、自然に対する畏敬の念を土地に根ざして学び直すことが必要となる。

コラム⑤　災害伝承のむずかしさ
住民が土地の特性を知り、その土地に合った住み着き方をすることが重要である。もともと手つかずで残っていた土地は自然災害に対するリスクが高いことを認識して住むべきであり、そのための準備、備えをすればよいが、土地の自然条件を知らない新しい住民が増加している。1983年日本海中部地震で大きな津波被害を被った能代地域における住民アンケート調査結果では、地震から15年、20年が経過するとたとえ厳しい経験をした場所であっても、経験の有無に関わらず同じ認識や行動の構造となることがわかった。30年で世代が変わる人間の世代の交代周期よりも自然災害の発生周期の方が長い場合は、災害文化の伝承も容易ではない。人間の場合は33回忌で故人を偲ぶ一区切りとなる。
　　　首藤伸夫：地域社会の防災力、東北大学災害制御研究センター地域防災ゼミ、2004より

謝辞
本稿の作成にあたっては、日本安全教育学会を代表機関とした「東日本

第二部

大震災における学校等の被害と対応に関するヒアリング調査」の結果を
用いた。調査にご協力頂いた全ての方々に深く感謝の意を表する。また、
各小学校の周辺地形と浸水域の図中に用いられた背景図のすべては、日
本地理学会災害対応本部津波被災マップ作成チームの 2011 年 3 月 11 日
東北地方太平洋沖地震に伴う津波被災マップ 2011 年完成版によるもの
であり、山形大学大学院教職実践研究科の村山良之教授の多大な協力を
得たことを付記する。最後に、筆者は、「防災安全科」の開発にあたり
設置された「研究開発学校（七郷小学校）運営指導委員会」や、岩出山
小学校の地域連携の枠組みである「学校・地域防災（安全）委員会」、
石巻市における学校防災を推進するために設置された「石巻市学校防災
推進会議」等に参画し、多くの有益な情報と助言を得た。関係のみなさ
まに深く感謝の意を表する。

【参考文献】

1) 山下文男：哀史　三陸大津波、pp.51-55 および pp.234-239、1982.9
2) 白幡勝美：昭和三陸津波後建設された宮城県の震嘯記念館について、津波工学
   研究報告、第 29 号、pp.93-119、2012.3
3) 蛯名裕一：慶長奥州地震津波と復興―一四〇〇年前にも大地震と大津波があった
   （よみがえるふるさとの歴史）、蕃山房、2014.4
4) 日本安全教育学会編：災害その時学校は―事例から学ぶこれからの学校防災、
   ぎょうせい、2013.1
5) 亀崎英治：自助と共助、夢や希望を育む防災安全科の取組、日本安全教育学会
   研究集会石巻ミーティング 2017 プログラム予稿集、pp.28-29、2017.5
6) 仙台市史編さん委員会：地形（第 8 節七郷）、仙台市史特別編 9 地域誌、pp.306、
   平成 26 年 3 月
7) 阿部良洋、守研二ほか：宮城県沖地震に於ける仙台市内の木造住宅の全壊率、
   日本建築学会東北支部研究報告集、第 41 号、pp.197-200、昭和 58 年 3 月
8) 佐藤　健、佐藤大介、菅野正道：防災教育のための地域に根差した歴史資料の
   価値、日本安全教育学会第 17 回徳島大会予稿集、pp.48-49、2016.9
9) 七郷の今昔を記録する会：ふるさと七郷、pp.130、 1993 年 8 月
10) Minoura, K. and Nakaya, S., Traces of tsunami preserved in intertidal lacustrine
    and marsh deposits : Some examples from northeast Japan, Jour. Geol., 99,

第五章　防災（減災・「正しく怖がる」）

pp.265-287、 1991.

11)　飯沼勇義：仙台平野の歴史津波　巨大津波が仙台平野を襲う！、本田印刷、1995年

12)　仙台市博物館：東日本大震災における仙台市博物館の資料レスキュー活動、土と文字が語る仙台平野の災害の記憶―仙台平野の歴史地震と津波―、pp.13、平成 25 年 3 月

13)　兵庫県教育委員会：震災を越えて―教育の創造的復興 10 年と明日への歩み―、pp.127-128、平成 17 年 3 月

14)　佐藤　健、村山良之：宮古市内の学校の津波に対する防災管理・防災教育と東日本大震災からの教訓、地域安全学会東日本大震災特別論文集、No.3、pp.9-12、2014

15)　大崎市立岩出山小学校：みやぎ防災教育推進協力校事業成果報告書、2016

16)　大崎市立岩出山小学校：地域と連携して取り組む学校安全体制の構築、平成 28年度防災教育を中心とした学校安全フォーラム、pp.19-22、平成 28 年 11 月

17)　大崎市立岩出山小学校：地域を学び、地域を愛する子どもを育てる防災教育（歴史編・現代編）、2016

18)　佐藤　健：東日本大震災被災地の小学校における災害復興教育プログラムの実践、日本建築学会技術報告集、第 20 巻、第 44 号、pp.417-422、2014

19)　NPO 法人日本災害救援ボランティアネットワーク：わがまち再発見ワークショップ（防災編）、第 8 回震災対策技術展、2004

20)　桜井愛子、佐藤健ほか：災害復興教育プログラムと学習指導案の開発―石巻市立鹿妻小学校での「復興マップづくり」を踏まえて、安全教育学研究、第 14 巻、第 1 号、pp.63-72、2014

21)　桜井愛子、佐藤健ほか：石巻市の小学校における「復興マップづくり」の実践、第 14 巻、第 1 号、pp.47-61、2014

22)　高野孝子：PBE 地域に根ざした教育―持続可能な社会づくりへの試み、2014 年10 月

第六章　震災と言葉
—被災地にとって方言とは何か？—

小林　隆

はじめに　方言とは何かという問い

　私たちにとって言葉とは何か、みなさんは考えたことがあるだろうか。平穏な暮らしの中では、言葉は空気や水のようなものである。あまりにも当たり前の存在であるために、それが自分にとってどのような意味をもつか、日ごろ思いをめぐらすことなどないであろう。

　しかし、災害という特殊な場に身を置くと、言葉というものを強く意識せざるをえない状況に出会う。言葉が俄然大きな存在として、しかも、自分に深く関わる存在として迫ってくる。私たちにとって言葉とは何か、そう問うてみたくなるのである。

　ここでは、被災地の言葉、すなわち方言について考えてみよう。東北は方言の豊かな地域と言われる。被災地に暮らす人々にとって方言とはどういう存在なのか、災害を経験する中で浮かびがってきたいくつかのことがらをもとに論じていきたい。

　そして、もうひとつ、ここではそうした被災地の方言のあり方に対して、私や学生たちがどう向き合ったかという視点も用意したい。被災地における方言の意味を考えることは、それで終わりではない。それを踏まえ、被災地に対して何らかの行動を起こすことも重要である。災害という現実に直面したときに、方言学という私たちの学問で何ができるのか。方言に対する問いは、同時に、方言学とは何かという問いでもある。文系的学問の社会貢献が話題にされる今、私たちがその答えを探そうとした試行錯誤の姿についても述べてみたいと思う。

第二部

第一節　伝統文化としての方言

2011（平成23）年3月11日、東北太平洋側の地域を襲ったのは、地震と津波が引き起こした大災害であった。ある集落は、そこに住む人々ごと流されてしまった。原発事故の影響で、村全体がふるさとを追われた。そこまでの被害のない地域でも、櫛の歯が抜けるように住民がいなくなった。人口の流出によって、地域コミュニティの崩壊が進んだのである。

言葉は人間と共にある。人々が姿を消しコミュニティが弱体化すれば、当然、方言も失われていく。コミュニケーションの場が消え、話し相手もいなくなれば、そもそも方言を使う機会が減る。近所づきあいや親戚づきあいといった人間関係の中で保たれてきた方言は、活躍の場を失うことになった。

もちろん、人々は話すことをやめたわけではない。仮設住宅・災害公営住宅での生活や、外部からのさまざまな支援者との接触の中で、会話は当然、必要となる。しかし、見ず知らずの人たちや他地域からやって来た人たちに対しては、話すということ自体ハードルが高く、口を閉ざしがちになる。そして、たとえ話せたとしても、そこでは方言の使用が控えられる。方言は親しい仲間内の言葉であるから、知らない人や外部の人には使いにくい。ふるさとを離れ、遠方に避難した人々はなおさらであろう。見知らぬ土地で、自分の方言で押し通すなど、東北人にはまず無理な話である。

方言を使わずに話すとしたら、そこで用いられるのは共通語である。たとえ完璧に共通語を使えなくとも、共通語でコミュニケーションをとろうと意識するにちがいない。方言の消滅には、地域コミュニティの崩壊に加え、見知らぬ他者との接触により共通語の使用機会が増えたことも影響している。東日本大震災は、かくして被災地の方言を消滅に追い込みつつある。

共通語は万人向けの言葉である。誰とでも通じる便利な言葉である。国際化やグローバリズムが叫ばれる現代において、日本語として標準の

第六章　震災と言葉

言葉が志向されるのは当然のことと言える。自分の方言で外国人とコミュニケーションをとろうとしても、まず理解されないであろう。彼らが学んだ言葉は日本語の共通語だからである。

　あるいは、機械化社会のことを考えてもよい。機械に話しかけることで装置が作動する。手を使わずとも機械に指示をおこなうことができる。音声認識に基づく新たな技術は今後ますます私たちの生活に導入されるはずである。そして、それには誰もが共通語を話すことが前提となる。いちいちの方言に対応しなければいけないのでは、技術の進歩は望めないであろう。

　国際化や機械化といったいわば効率的な社会生活の追求が、言葉にも効率化を目指した変化を求めている。それが方言を不要なものとし、共通語化を推し進めている。しかし、だからといって、方言をいらないものと決め付けてよいだろうか。効率性とは別の基準で方言の価値を見出すことはできないであろうか。

　この点に関して、美術史家・民俗学者である柳宗悦の発言は興味深い。1940（昭和15）年、沖縄で活発化した標準語奨励教育に対して、柳は「国語問題に関し沖縄県学務部答ふるの書」の中で次のように異を唱えている。

　　標準語も沖縄語も共に日本の国語である。一方が中央語たるに対し、一方は地方語である。是等二つのものは常に密接な関係を有し、国語として共に尊重せらる可きであると云ふのが吾々の見解である。

　　吾々は未だ嘗て中央語たる標準語が、地方にとって不必要であると述べたことはない。それが公用語として如何に大切であるかは寧ろ常識に属する。（中略）

　　だが同時に之が地方語への閑却となり、ややもすれば侮蔑となり、抑圧となるなら大きな誤りである。地方語も亦国語の大切な一要素であるのを忘れてはならぬ。云ふ迄もなく地方語の発生は、其の土

133

第二部

地の特殊なる自然と歴史とを背景とする。言語は民族の精神、人情、習慣、引いては文学、音楽等に密接にして必然な結縁を有する。かくして地方の文化性は最も如実に其の用語に表現される。地方語の微弱は地方的文化の微弱を意味する。偉大なる地方は常に其の土語に於て偉大なる生活を有ち、文学を有ち、音楽を有つ。若し日本が地方語を有たない日本であるとするなら、如何に特色の少ない日本と化するであらう。(『柳宗悦全集』15、148・149頁)

　地域の文化は方言に如実に反映されるものであり、方言の衰弱は地域の文化の衰弱を意味する。柳の主張はこうであり、もっともな発言と言える。たしかに、方言には地域の人々の考え方や心情・感覚がにじみ出る。生活や生業、習俗を写し出す言葉が豊富である。民話や昔話などは方言での語りが必須と言える。これらのことからすれば、地域の文化が方言に反映し、方言の豊かさが地域の文化の豊かさを象徴するというのは、なるほどとうなずける。

　方言は日常卑近なものであり、あまりにも当たり前のものである。そのため、それが地域の文化と密接に結びついたものであることは気づかれにくい。それどころか、そもそも方言が「文化」だと考える人は少ない。神社仏閣、民俗芸能、あるいは古代の遺構・遺物の類、そして古文書などは文化だと意識する人も、方言となると文化の仲間に入れて考えようとしない。文化とは何か特別なものであり、日常を超越した存在と思い込んでいる。しかし、私たちの生活そのものが文化である。今はありふれたものでも、時代とともに特別なものとみなされるようになっていく。古代の人々も、まさか自分の使っていた道具や食器が、後に文化財に指定されるなどとは思わなかったようにである。

　このように言うと、文化というものは歴史に耐え、現代に伝わったものであり、それらと方言とは違うのではないかという反論を受けそうである。確かに文化財は歴史の産物であり、伝統を受け継いでいる。それに対して、方言は今まさに私たちが使っているものであり、現代のもの

第六章　震災と言葉

である。文化財がもつ歴史・伝統という要件に、方言は一見当てはまらないように見える。

　しかし、方言も地域の言葉の歴史を背負って今という時代に存在する。一朝一夕にして生まれたわけではない。柳が言うように、方言は、その土地の自然と歴史を背景にもつものであり、地域ごとの独自の文化的風土の中で、長い時間をかけて生成されてきたものなのである。

　また、次のような点も見逃してはならない。すなわち、方言には共通語ではすでに滅びた古い日本語が宿る。『万葉集』や『源氏物語』『枕草子』といった歴史的な文学作品の中で使われている言葉が、方言の世界に今も息づいている。

　東北方言として有名な「めんこい」を例に取り上げてみよう。この言葉は万葉語「めぐし」に由来する。

　　　父母を見れば尊し　妻子見ればめぐし愛し　世の中はかくぞ理

　これは『万葉集』八〇〇番、山上憶良の歌である。自分の妻や子を見るとかわいくてしかたがないという感情を、憶良は「めぐし」という言葉に籠めて使っている。この「めぐし」が「めぐい」を経て「めごい」となり、さらに「めんこい」と姿を変えたのが現代の東北方言である。

　また、沖縄方言の「ちゅらさん」は、この方言そのものをタイトルにしたNHKのテレビ小説で有名になった。「ちゅらさん」は「清ら（か）さ」が「ある」という成り立ちであり、「美しい」ことを意味する。語源的に古典語の「きよらなり」と同じ仲間であり、その「きよらなり」なら、ご存じのとおり、『源氏物語』桐壺の巻、光源氏の誕生を描く場面に次のように登場している。

　　　世になくきよらなる、玉の男御子さへ生まれたまひぬ

　ほかにも、方言に残る古語を探せば枚挙にいとまがない。助動詞の「べ

第二部

し」や「けり」は東日本の「行くべー」や「行ったッケ」となって用いられている。「こそ―已然形」の係り結びは西日本に残っている。動詞の二段活用は九州方言に活発であり、「死ぬる」などのナ行変格活用は中・四国と九州が本場である。「竹取の翁といふ者<u>ありけり</u>」といった人の存在を表す「あり」は、紀伊半島に行けば今でも<u>聞く</u>ことができる。

「めぐし」「きよらなり」など、古典文学を織り成す数々の言葉が、今も方言の中で使われている。とうに日本語から滅び去ったはずの古典語が、意外にも現代人が口にする方言の中に息づいている。歴史に耐え、伝統を受け継いでいるものが文化だとするならば、長い時を経て、いにしえの言葉を今に受け継ぐ方言は、その条件にぴったり当てはまる。千年以上も前に奈良や京都で使われたみやこ言葉が、現代の方言に継承されているとすれば、それはもう国宝級の文化財と言ってもよいほどである。

もっとも、伝統を受け継ぐといっても、方言が古典語とまったく同じとは限らない。例えば、万葉語の「めぐし」は心の底から湧きあがるかわいらしさ、いとおしさの表現であるが、東北方言の「めんこい」は見た目のかわいらしさやサイズの小ささまで表す。また、『源氏物語』の「きよらなり」は形容動詞であるが、「ちゅらさん」は沖縄方言のシステムに従って形容詞に作り替えられている。

以上のように、古典語を受け継ぐ方言はただそれだけではなく、地域ごとに独自の再生を受けていることがわかる。大昔の言葉を今に残すだけならば、それは化石と同じである。それはそれで驚くべきことであるが、古典語は同時に地域の文化の中で独自の発達を遂げている。柳の言う「地方の文化性」「地方的文化」が、いにしえのみやこ言葉に新たな息吹きを与え、地域の言葉として生命を育んでいる。いわば中央の文化と地域の文化のコラボレーションの産物が方言なのである。

このように見てくると、方言の価値はそれがもつ文化的意味において際立っていることに気づく。日常卑近な言葉である方言が、歴史的には日本文化の源流につながり、一方で日本列島に花開く数々の地方文化を

第六章　震災と言葉

写し出している。こうした貴重な方言を簡単に手放し、共通語と交換してしまうのは、はなはだもったいないことではなかろうか。

第二節　コミュニケーションギャップを生み出す方言

　方言は文化的な価値をもつ。先の節ではそのことを強調してきた。しかし、東日本大震災において、方言はある意味やっかいなものであったことも事実である。というのも、被災地では、方言がコミュニケーションギャップを引き起こすひとつの要因となったからである。すなわち、応援に駆けつけた支援者が、地元の人々の方言を理解できずにとまどうということが現実に起こっていた。

　文化的にはかけがえのない方言が、実用面では意志疎通の障害となってしまう。文化という視点とは見方を変えて、支援者・実用という立場に立つと、そうした方言のマイナス面がクローズアップされてくる。言葉はあくまでもコミュニケーションの道具である。被災地で起こった現実は、そのことをあらためて気付かせてくれる。道具としての役割をうまく果たせない方言の姿が、被災地には立ち現れていたのである。

　それでは、支援の現場で、具体的にどんなことが問題になっていたのか。私たちは、被災地のひとつ、宮城県気仙沼市において支援者が集まる市役所やボランティアセンター、そして避難所などを回り、聞き取り調査を行った。

　例えば、東京から派遣された役場の職員は次のように語ってくれた。——仮設住宅の受付関係の仕事に就いたが、地元の人たちは、私が東京の人間だとは知らずに話しかけてく

コミュニケーションギャップの聞き取り調査（気仙沼市）

137

第二部

る。気仙沼の地名のリストは用意してあるものの、地元の人々の発音が
うまく聞き取れず、その人の言っている地名がリストから探しきれない。
「スンビタズ」と言われてリストの「す」の行を見てもそんな地名は見
当たらない。あとでわかったことだが、実際には「しびたち（鮪立）」
という地名であり、それを地元の人は「スンビタズ」と発音していた。

　これはいわゆるズーズー弁のことである。すなわち、「し」と「す」、
「ち」と「つ」、「じ」と「ず」の区別がなく、それぞれ「す」「つ」「ず」
に近く発音される。この特徴は気仙沼を含め東北の広い地域で観察され
る。「発音の行が違う」と指摘する支援者もいたが、支援者にとっては
非常に聞き取りにくい発音だったようである。ほかにも、カ行・タ行が
「濁る」、ガ行・ザ行・ダ行・バ行が「鼻にかかる」、「き」が「チ」にな
るといった現象は共通語には見られないものであり、こうした発音面で
の戸惑いを指摘する支援者が多かった。

　また、語彙や文法面での違いも支援者を驚かせた。東北の多くの地域
では「ナゲル」を「捨てる」の意味で使う。がれきを撤去する際に、地
元の人から「これナゲて」と言われて意味が分からなかった支援者がい
た。がれきを力任せにぶん投げる、そう想像してしまったようである。
しかし、気仙沼の「ナゲル」は共通語の意味に加えて「捨てる」の意味
でも用いられている。そこが支援者にはわからない。あるいは、名詞の
あとに付いてその物への親近感を表す「〜コ」も意外とくせものである。
「ヒモッコ」と言われたとき、もし相手が紐を手に持っていなかったら
理解できなかったと語る支援者がいた。「泥鰌っこ」「鮒っこ」などは童
謡で耳にしたことがあるにしても、「ヒモッコ」の「〜コ」がそれと同
じで「紐っこ」の意味であるとは即座には判断できなかったのである。

　このように、現地で聞き取り調査をおこなうことによって、方言に対
する支援者の戸惑いの実態が浮かび上がってきた。会話がまったく成立
しないといった極端な状況ではないものの、聞き取りにくい発音があっ
たり、意味の分からない言葉があったりすることなど、コミュニケーショ
ン上、障害となり得る点がいろいろと明らかになった。外国人との会話

第六章　震災と言葉

方言パンフレット
『支援者のための気仙沼方言入門』

ならいざしらず、日本の国内で、同じ日本人同士であるにもかかわらず言葉が通じない。そうした現実があることに、驚きの表情を浮かべた学生も多かった。

　それにしても、こうした現実がある以上、これをそのまま放置しておくわけにはいかない。スピーディーな意思疎通が求められる災害の現場で、方言でのつまずきはやはり問題となる。方言研究に携わる者として、何か被災地のためにできることはないか。こうしたことを学生たちと話し合っているうちに、それではパンフレットを作ってはどうかという案が浮かんだ。支援者向けに、現地の方言を解説するパンフレットを用意しようという案である。しかし、被災地で初めての試みでもあり、どのようなパンフレットが理想的であるか、試行錯誤を繰り返した。

　最終的にできあがったものが、『支援者のための気仙沼方言入門』である。見開き4ページの簡単なものだが、折りたたんで携帯できる薄さで、しかも、最低限必要な方言情報を盛り込んである（具体的な内容は東北大学方言研究センターのWebサイト「東日本大震災と方言ネット」

139

第二部

で見ることができる（http：//www.sinsaihougen.jp/ 大震災と方言活動情報／支援者の方へ／）。できあがったパンフレットは現地へ持ち込み、市役所や避難所、ボランティアセンター、支援者の宿泊施設などに配布して回った。現地での感想は概ね好評であった。新聞やインターネットなどで情報が広まったこともあり、これから被災地に支援に出かけるという方々から、パンフレットを送ってほしいという要望が来ることもあった。もっと多くの方言を取り上げてほしいとか、生の発音を知りたいといった要望は、今後に向けての課題となった。

　しかしながら、私たちが作成できた方言パンフレットはこの気仙沼版のみであった。他の地域についてはほとんど手付かずの状態である。考えてみれば、こうしたパンフレットは災害が起きてから作るのでは遅く、あらかじめ用意しておくことが大切である。それも、今回の被災地に限らず、災害の可能性のある地域、おそらく日本全国で準備することが必要であろう。それはもう一部の研究者や学生のみでは難しいことは目に見えている。このようなパンフレット作りを広めるためには、自治体や住民との連携が欠かせない。むしろ、地域の人々が主体となり、そこに研究者や学生が加わるようなしくみができあがれば、パンフレット作りも実質的な効果が期待できる。そして、そうした作業の場は、地域の人々がふるさとの方言に関心を寄せ、自らの言葉を見つめ直すよい機会にもなるにちがいない。

第三節　被災者の心をつなぐ方言

　方言が支援者と被災者の間にコミュニケーションギャップを生み出している。そうした現実を紹介し、問題解決に向けた私たちの取り組みについて述べてきた。このように見てくると、いくら文化的に貴重なものだとしても、方言にはマイナス面の方が大きいのではないかという感想が聞えて来そうである。言葉としての機能に障害が出る以上、ある意味それはもっともなことかもしれない。実用面から見るかぎり、たしかにそうであろう。

第六章　震災と言葉

　しかし、被災地における方言のあり方を見ていると、実用面を越えた部分で、方言が輝いていると思う場面に出会うことがある。コミュニケーションの道具という、言葉の基本的な役割とは別のところで、また、文化や歴史を背負った存在ということとも違って、方言が被災という現実の中で積極的に機能している姿を発見できる。それは被災者の心の世界においてのことである。
　こんなことがあった。私たちの活動について報告会を開いた時のことである。被災者のお一人が立ち上がって次のように発言された。

　　よく「がんばろう宮城」とか「がんばっぺ宮城」とかいったスローガンを目にします。自分自身、自分の家族、たくさんの友人を失っているせいか、共通語の「がんばろう」という文字を見ると、ときどき腹が立つんです。何ががんばろうだ、これ以上何をがんばれというんだ、と思うんです。でも、「がんばっぺ宮城」とか「負げねぞ宮城」と方言で書いてあると、「んだんだ、負げねえ」と思うんです。
　　だから、こういう方言というのは、本当にその土地の人たちの魂がこもっている言葉だと思うんです。方言には言霊がある。それが被災者を支える力になると私は思っています。

　震災直後から現れた応援のスローガンに対する意見である。これを聞いて、正直、私は驚いた。方言はそこまで被災地の人々の心の支えになっているのかと。
　現代の方言が、多分に心理的な存在になっていることは私も気づいていた。相手との距離感を縮めたり、親しく話をしたりするとき

方言スローガンの一例
（気仙沼市）

141

第二部

には方言が有効である。そこが共通語とは異なる方言のよさになってきている。共通語は実用性に富むが、ともすると相手を遠ざけてしまう。改まった感じも付きまとう。そこへいくと方言は、相手との一体感を作り上げてくれる。そうした方言の効果が、応援スローガンに活かされているのである。

　方言スローガンに対する印象は、他の人たちからも聞かれた。石巻市と気仙沼市の方々にインタビューした際の感想を紹介しよう。

　○親しみが持てるし、励まされた。「がんばろう」と言われてもよそよそしい感じがする。自分と関係のないよその人間が頑張るような気がしてしまう。(石巻市・60代男性)

　○地元の言葉で書いてあると励まされ、力になる。「がんばろう」より「がんばっぺ」の方が、手を組んで一緒にやろうという感じが出ている。さらに「がんばっぺし」の方が相手を思いやるやさしい感じだ。よその人が気仙沼の方言を使ってスローガンを作ってくれるのはありがたいし、共通語より励まされる感じがする。(気仙沼市・50代男性)

　○共通語のスローガンより親しみが持てる。応援してくれているんだなあと思う。県外ナンバーの車に方言スローガンが貼ってあるのを見るとそう思う。(気仙沼市・30代男性)

　○「がんばろう」より「がんばっぺ」の方をよく見かけた。親しみがあり、地域の人と一緒に復興に向かっていく感じがする。(気仙沼市・20代女性)

　共通語を使うか方言を使用するか、ただそれだけのことのように思われるかもしれない。しかし、そこには大きな違いがある。応援・激励のメッセージは、方言を使ってこそ被災地の人々の心に届けることができる。方言の持つ心理的な効果は、このような方言スローガンに対する被災者の意識からも浮かび上がってくる。

　ところで、被災地の方言は、東北以外の地域の人々が作成したスローガンにも使用された。上の感想の中にも、よその人が気仙沼の方言でス

142

第六章　震災と言葉

ローガンを作る、県外の車が方言スローガンを掲げている、といった指摘があった。被災地での活動の先頭に立った自衛隊員たちも、この方言スローガンを身にまとった。「がんばっぺ！　お国なまりで自衛隊員、被災地応援」とは、『読売新聞』2011（平成23）年3月29日夕刊の記事である。

　　東日本巨大地震の救援活動に取り組む自衛隊員らが、被災地の方言などを使った応援メッセージをステッカーにし、隊員のヘルメットやヘリコプターの胴体に貼っている。被災者の間では「親近感が湧いて勇気がもらえる」と好評だ。
　　陸海空三自衛隊の支援部隊を指揮する統合任務部隊司令部（仙台市）によると、地震発生直後、宮城県に災害派遣された陸上自衛隊第一〇師団（名古屋市）が、「がんばろう！　みやぎ」と書いたステッカーを独自に作ったのが始まり。隊員の士気高揚や活動のPRにと、司令部が他の部隊にも導入を呼びかけ、各活動場所の方言が盛り込まれるようになった。自衛隊が災害派遣活動でこうしたステッカーを作るのは初めてという。

「親近感が湧いて勇気がもらえる」という感想からすれば、ここでも方言は被災者を励ますのに一定の効果を挙げていることがわかる。共通語の「がんばろう」よりも、方言の「がんばっぺ」の方が被災者の心に響き、勇気が湧いてくる。同時に、救援活動を行っている自衛隊員に対して親近感が生まれ、支援者と被災者との一体感が作り出される。
　方言によるメッセージは単に概念の

応援ステッカーを貼って活動する自衛隊員

143

第二部

伝達だけのものではない。「がんばれ」「負けるな」といった内容に、気持ちの応援が加わっている。しかも、部外者の立場から遠巻きに応援するのではなく、同じ痛みを分け合う仲間としての立ち位置から励ます。被災者の心情に寄り添ったメッセージの発信が、方言では可能になるのである。

　被災者や支援者が、こうした方言スローガンに対して実際どう感じているのか、宮城県気仙沼市でアンケート調査を行った。調査結果によれば、被災者は予想通り、方言スローガンに対して親近感を感じるという気持ちを抱いていることがわかった。

　一方、支援者については予想と異なる結果が現れた。とくに、被災地以外の人がその土地の方言を真似てスローガンを作ることに対しては、支援者と被災者の間で意識の差が見られた。すなわち、他地域から来た支援者の回答からは、安易に被災地の方言を使用すべきではないという意識が強くうかがわれた。一方、被災者や被災地域出身の支援者は、他地域の出身者による方言使用に対して概ね肯定的であった。

　これは、応援スローガンに被災地の方言を使うことに対して、外部からの支援者は遠慮や自制が働くが、一方の地元の被災者たちは、むしろそうした行為を歓迎していると理解することができる。被災者にとっては、スローガンの発信者が誰であっても、方言で励まされることに意味を感じている。たとえ外部の人間であっても、方言を使って呼びかけてくれることで、自分たちの輪の中に入って来てくれるという心理的な一体感を強く意識する。自衛隊の応援メッセージは、このような被災者の意識を背景に、大きな効果を発揮したと考えることができる。

　こうした方言の持つ心理的な機能を積極的に支援活動に生かそうとしている人たちもいる。宮城県名取市の「方言を語り残そう会」は2009（平成21）年に発足し、名取市の方言を後世に伝え残すための活動を行ってきた。地域住民から方言の読み札を募集した『名取方言かるた』を作成し、2011（平成23）年3月8日には「方言かるた取り大会」を開催したが、その3日後に震災が起こった。震災後は、毎月第4土曜日、名

第六章　震災と言葉

取市内の仮設住宅で茶話会を催すなど、住民同士の交流を深める活動をおこなっている。そこでは、昔話を語ったり、歌を歌ったり、絵葉書を作ったり、あるいは体操をしたりする際に、方言を積極的に取り入れている。『負げねっちゃ』『生ぎるっちゃ』といった方言句集・方言詩集は、震災に打ちひしがれた地域の人々を鼓舞し、復興に向けてたくましく歩み出そうという気構えから製作されたものである。

仮設住宅での方言絵葉書の作成（名取市「方言を語り残そう会」）

　学生のインタビューに対して、代表の金岡律子氏は次のように語っている。

　　方言というと、昔だったら、恥ずかしいから隠すものだった。しかし、今は、どこでも「がんばろう」ではなく、「がんばっぺ」などと地元の言葉で語れるようになっている。今回の災害はかえって方言の価値を掘り起こすことになり、「方言を語り残そう会」も活動の場が広がった。
　　方言というものは、被災地にとっては土の匂いのするふるさとのひとつで、心が温かくなるものだ。「あらー、どうしましたかー」より「あんだ、大丈夫すかー、なじょしたのー」、「あー、そうですかー」より「あいや、ほいだっちゃね」、そう言われた方が、うんと温かく感じる。逆に、共通語で言われると先の言葉も続けにくく

第二部

なってしまう。方言というものが、どんなにか人の心を和らげ、癒
し、落ち着かせるものか、今回の震災であらためて地域の人々に意
識されるようになってきたと感じる。

　ここで大切なことは、方言が被災者たちの心の支えになっているとい
うことである。そして、震災を機に、そのことに被災地の人々も気づき
始めているという点も重要である。
　方言の持つ心の支えとしての役割が、震災という非常事態の中で、よ
り大きな意味をもってきている。どうしようもない現実の中で、ほっと
する心の安らぎは、土地の仲間との方言による語らいから生まれる。異
郷の地に避難せざるをえなかった人々は、電話から聞えて来る家族や友
人のお国言葉に癒される。今や方言は被災地の人々にとって、互いを結
ぶ心の絆となり、同時に、自分とふるさととをつなぐ紐帯の役目を担って
いる。そうした方言の力が、ふるさとの復興へと立ち向かう人々の心を
励まし、背中を押してくれているのである。
　以上から明らかなように、物質文化の再興だけでなく、地域の人々が
精神的な復興を果たすためには、方言の果たす役割が大きいと言えよう。
もちろん、インフラの整備、住宅の確保、産業の回復など、被災地の再
生には物質文化の充実がなくてはならない。人間が生きていくために、
それらは不可欠であることは言うまでもない。しかし、それらがすべて
整う日が来たとしても、果たして地域の復興は成し遂げられたと言える
だろうか。そこに暮らす人々にとって、まだ何かが足りないと感じるの
ではなかろうか。もしそうだとすれば、それは精神面での復興、心の再
生が十分ではないからである。
　精神的な復興というのはどういうことか。それは地域の住民同士の心
が通い合うことである。互いに相手をよく知り、信頼し、打ち解けた関
係を築く。心の絆が結べてこそ、精神的に豊かで充実した生活を送るこ
とができる。そして、それは同時に、ふるさとに暮らしているという実
感にもつながる。自分は決して根無し草な存在ではなく、まさしくこの

第六章　震災と言葉

土地の一員である。そうした地域的アイデンティティの認識は、人々に精神的な落ち着きや安定をもたらすであろう。地域の成員同士が互いに心を通わせ合い、それが暮らしの場であるふるさとへの帰属意識をも高める。強固で安定したコミュニティとは、物質面だけでなく、そうした精神面の充実にも支えられているはずである。

　それでは、精神的な復興はどのようにしたら成し遂げられるだろうか。それは、地域の行事や祭りへの参加、あるいは、伝統的な建造物やモニュメントの復活などによって果たされる面がある。しかし、そうした何か特別なものではなく、もっと日常的で生活に密着したものにこそその役割は期待すべきであろう。ふるさとが生き返ったと真に思えるためには、空気のように当たり前でありながら、人間が生きていくことに不可欠な存在の働きが欠かせない。その点では、地域の言葉、すなわち方言こそその主役になるべき存在であるにちがいない。

第四節　方言を次世代に伝える

　方言は被災地で暮らす人々にとって精神的な支柱となりうる。地域の再生・復興に向けて、欠かせない存在であるということを述べてきた。しかし、それはどの世代の住民にもあてはまることだろうか。というのは、方言は一定の年齢以上の人たちにはまだ身近なものだとしても、共通語化の進んだ若い世代にとっては疎遠な存在になりつつあるからである。故郷の復興を担う次の世代が、そもそも方言を話さなくなってきているのでは、いくら方言を心の支えにしようといっても、しかたのないことになってしまう。

　しかし、現代の若者は方言を完全に放棄したわけではない。仙台のような都市部でも、日常的なごく親しい間柄の会話では、今でも「イズイ（嫌な感じだ）」「メンコイ（かわいい）」「ンダベ（そうだろう）」「シタッケ（そうしたら）」といった方言が顔を出す。「早く起きッペ（起きよう）」「だめだッチャ（だめだってば）」などの文末詞の使用も見られる。多くの方言が消えてしまった中で、一部の方言は生き残っている。

147

第二部

　若者の方言使用はもちろん高年層のものとは違う。高年層にとっては生活語そのものが方言であったが、若者にとっての方言は使用する言葉の一部にすぎない。それでも、若者が方言を残しているのは、そうした方言に特別な意味合いをもたせているからである。それは親しさの表現であり、仲間意識の表出である。会話の中にほんの少し方言を投入することで、相手との距離をぐっと縮め、打ち解けた雰囲気を演出する。現代社会に生きる若者としては共通語主体にならざるをえないとしても、気心の知れた相手との親密な場を作り出すために、とっておきの手段として方言をキープしておき、ここぞというところで使用する。そうした使い方が若い世代の方言の特徴なのである。

　こうした方言のあり方は、たしかに伝統的な方言の姿とは異なっている。しかし、考えて見ると、若者の使う方言の特徴は、被災地で期待される方言の役割と共通する点がある。それはどちらも人間を心理的に一体化するものだという点である。若者が方言を使用するのは、仲間同士の距離感を縮め、親密な会話の場を形成するためである。その機能は、被災地において、地域の人々を精神的に結び付け、コミュニティをまとめあげる機能と同質のものだと言ってよい。このことは、若者の方言に対する感性が、地域の精神的復興にも役立つ可能性があることを意味する。

　今のところ若者は、仲間内の狭い範囲で会話を楽しむためにしか方言を利用しないように見える。一方、被災地の方言には、その地域の成員全体を潤し、故郷の再生に貢献することが期待されている。そのギャップは確かに大きい。しかし、若者が使う方言の機能が、被災地で求められている方言の機能に通じるとすれば、その溝を埋めることは不可能ではないかもしれない。

　被災地の若い世代に望まれるのは、故郷の再興とこれからの地域づくりのために、地元の方言への関心を高めることである。そして、さまざまなかたちで方言を主体とした活動や発信をおこない、方言を通して地域の住民をひとつにするような取り組みをおこなうことである。

第六章　震災と言葉

　例えば、福島県いわき市の復興支援団体は自らの名称に「がんばっぺいわき！　ネットワーク」と方言名を付けた。また、NHKラジオの「やるっちゃ！　宮城」は、宮城県ゆかりの出演者が方言を交えながら被災地へのエールを送った。さらに、石巻市では「おらほのラジオ体操第一実行委員会」が立ちあがり、方言によるラジオ体操で避難所や仮設住宅に暮らす人々を元気づけた。また、近年、LINE等の通信手段に方言を使う若者が増えており、最近では「仙台弁こけし」のような方言キャラクターのスタンプが人気を博している。これは被災地支援を直接的な目的としたものではないが、若い世代が方言の味わいを知り、それが地域の活性化につながる効果が期待される。

　こうした、いわば目立った活動もさることながら、ごく日常的な場面での方言使用も若い世代に求められるところである。とくに、世代を超えたコミュニケーション、すなわち、お年寄りとの会話の中で、若者がある程度方言を使えるようになることが望ましい。現代では、共通語化によって、使用言語の世代間ギャップが生じているのが現実である。ふるさとの再生を目指す被災地で、住民が心的一体化を果たすためには、そうした世代間ギャップが少しでも緩和されることが必要である。そのとき、お年寄り世代に共通語化を促すことも一方ではあるが、方言の持つ心理的機能を復興に生かそうという立場からすれば、逆に、若い世代に積極的な方言使用を期待することになる。

　もっとも、これは言うがやすしで実際にはなかなか難しいであろう。効率化・国際化が求められる現代社会のあり方は、そもそも方言の発想とは相容れないものだからである。若者に共通語と方言のバイリンガルを強いることなど、とうていできるものではない。だが、知識としての方言の量を増やし、必要に応じて使用できる能力を身に付けることは大切であろう。お年寄りとの方言会話に、若者もある程度方言で参加できるようになれば、そこには世代を超えた一体感が生まれるにちがいない。

　だが、こうした努力は若い世代にのみ押しつけることはできない。地域一体となって考えるべき課題である。最近、東日本大震災の被災地で

149

第二部

は、方言の継承と教育の取り組みが盛んになりつつあるが、これはそうした被災地の復興と地域の将来を見据えてことであろう。昔話を方言で子供たちに聞かせる。子供たちも、それを真似て方言で昔話を語れるようになる。あるいは、学校で地域の方言についての授業をおこない、発音の練習を交えながら基本的な単語を教える。さらに、映し出される会話の映像に方言でセリフを付けるアフレコ体験を企画し、楽しみながら学習する。そうしたさまざまな取り組みが、今、各地で試みられている。そこでは、地域の市民団体や行政機関、教育機関、そして研究者などが連携して活動をおこなっており、効果を上げつつある。方言の継承と教育にとって、こうした地域一丸となった取り組みは、今後さらに工夫を重ね活性化していくことが期待される。

　一方、こうした実践的な試みとは別に、より基礎的な作業として、方言の記録を作成し、将来に残すという活動も重要になってくる。とくに、実際の方言会話の記録は、文化財としての方言の保存という目的だけでなく、今紹介したような次世代への方言の継承・教育にも役立つものとなる。昔話を題材としたり、単語を対象としたりといった取り組みは、どうしても文学的であったり、要素的であったりしがちである。方言を現実的で総合的なものとして理解するためには、方言会話の記録は良質な教材となるはずである。

　ここで私たちの取り組みを紹介してみよう。私たちが取り組んだのは、この方言会話の記録作業である。ただ、従来、方言学の一般的な記録方法は話者たちの座談会風の雑談を収録するもので、それではその地域に暮らす人々の会話のバラエティを広くとらえたことにはならなかった。とくに、方言の継承につながる記録ということを考えたときに、その記録は日常的な言語生活を彷彿とさせるようなものであるべきである。日ごろの生活のさまざまな場面でおこなわれるやりとりを記録してこそ、方言を生きたものとして次の世代に伝えることができる。

　そうしたことを考えながら私たちがとった方法は、会話の目的別にさまざまな日常場面を設定し、その会話を収録するというものであった。

第六章　震災と言葉

私たちは普段、「頼む」「受け入れる」「断る」「尋ねる」「答える」、あるいは、「説明する」「賛成する」「反対する」といったような、具体的な目的を持った会話を行っている。「挨拶する」「感謝する」「詫びる」「喜ぶ」「怒

**方言会話の収録風景
（荷物運びを頼む）**

る」などといったやりとりも、日ごろよく経験するものである。こうしたさまざまな種類の会話を、日常のごくありふれた場面の中で記録することを目指した。

　実際には、具体的な場面を設定し、その場面に自分がいたとしたら、どんな会話をおこなうか、話者に普段の会話を実演してもらうという方法をとった。例えば、「頼む─受け入れる／断る」という会話であれば、「荷物運びを頼む」「お金を借りる」「醤油差しをとってもらう」などの場面を、「尋ねる─答える」という会話であれば、「傘の持ち主を尋ねる」「店の場所を尋ねる」「主人がいるか尋ねる」などの場面を設定した。いずれも日常生活の中でときおり体験するなじみの深い場面である。

　収録地点は宮城県気仙沼市と名取市の2地点である。それぞれ一般人の高年層男女に話者になっていただいた。この取り組みは2013年度から開始し、2016年度までに145場面の会話を収録している。それらは、『生活を伝える被災地方言会話集─宮城県気仙沼市・名取市の100場面会話─』1〜4集として公表したが、そこには方言の文字化テキストに共通語訳を付けた本文と、CD-ROMに入れた会話の音声を収めている。また、東北大学方言研究センターのWebサイト「東日本大震災と方言ネット」（http://www.sinsaihougen.jp/センターの取り組み/生活を伝える被災地方言会話集/）でも本文と音声（場面によっては動画）の公開をおこなっている。

151

第二部

　気仙沼と名取の会話から、一場面ずつ紹介しよう。まず、気仙沼の会話で「庭に来た鳥を見せる」という場面である。庭に来た鳥を見せようと夫が妻を誘い、鳥の居場所を教えるやりとりが実演されている。Aは女性話者、Bは男性話者であり、各発話とも上段が方言、下段が共通語訳である。下線はその部分の発話が重なることを示す。

●気仙沼市の会話【庭に来た鳥を見せる】

001B：ヤーイ　　A。
　　　　おーい　　A。

002A：ハーイ　　ナニッサー。
　　　　はい　　　なあに。

003B：ミダゴドネーサー、　　トリッコ　イダガラ　ミサ　コー。
　　　　見たことないさ、　　鳥　　　　いるから　見に　来い。

004A：ア　ナニッス　ドレ、ドゴダベー。
　　　　あ　なんです　どれ、どこだろう。

005B：ホーレ、イヌゴヤノウシロノドゴノナ、ナンテンノドゴダ。
　　　　ほら、　犬小屋の後ろのところのな、　南天のところだ。

006A：ナンテンドゴネ。ドレドレ。アレー、ドゴダガ　ミエネヤー。
　　　　南天のところね。どれどれ。あれ、　どこだか　見えないや。

007B：モーツント　マエサ　デデミロー。
　　　　もう少し　　前に　　出てみろ。

第六章　震災と言葉

008A：ア　モシカシテ　アレガナー。アラ　ナントー。アラ
　　　　あ　もしかして　あれかな。　　あら　なんと。　　あら

　　　　ミダゴトネートリダネ。
　　　　見たことない鳥だね。

009B：ンー。ミズラシーガモシンニナー。
　　　　んー。珍しいかもしれないなあ。

010A：ウンウンウン　ンダネー。
　　　　うんうんうん　そうだね。

011B：ドッガガラ　　　　　　　　ハズレテシタノガナー。
　　　　どこか［の群れ］から　　はずれてきたのかなあ。

012A：ウン。メンコイゴドネー。
　　　　うん。かわいいことね。

　話者たちには場面を提示したのみで台本は用意していない。したがって、ここには話者たちの普段の会話の流れが実演されている。臨場感あふれる気仙沼市ならではの会話が聞こえてきそうである。
　次に、名取市の会話を見てみよう。自分の家の畑でできた茄子を近所の人におすそ分けに出向く場面である。他家への訪問から入り、おすそ分けの申し出とその受けの会話が展開する。名取のご近所付き合いの様子がよくわかる、生き生きとした会話である。

●名取市の会話【野菜をおすそ分けする】

001A：Ｂサン　イダノ。
　　　　Ｂさん　いるの？

153

第二部

002B：イダヨー。アガッセイ。
　　　いるよ。　あがりなさい。

003A：ア　イガッター。アンダ　オライデ　ツグッタ　ナス、
　　　あ　良かった。　あなた　うちで　　作った　　茄子、

　　　テンキ　イーガシテ　　　　　ンート　ナッタガラ
　　　天気が　思いのほか良くて　うんと　なったから

　　　クッテケネ。
　　　食べてくれない？

004B：ア　ホーガヤ。ドレ。アー　イヤイヤ　ズイブ
　　　あ　そうか。　どれ。あー　いやいや　ずいぶん

　　　リッパナナスダナヤ。
　　　立派な茄子だなあ。

　　　ナーヌコレ　Ａサン　ツグッタノ。(Ａ　ンダデバ)　　ンー
　　　なにこれ　　Ａさん　作ったの？（Ａ　そうだってば）うん

　　　ホーンデ　オラエデモ　モラウカ　ンデ。　　　オラエノワ
　　　それで[は]うちでも　　貰うか　　それで[は]。うちのは

　　　ツグリガタ　ワルグデ　ダメダッタンダ、コドス。
　　　作り方　　　悪くて　　だめだったんだ、今年。

005A：ナンダガ　オラエデワ　アダッタンダネ。
　　　なんだか　うちでは　　当たったんだね。

154

第六章　震災と言葉

006B：ヨーシ　ンデ　　　　　チョード　イガッタ。モラウガラネ。
　　　　よし　　それで［は］　ちょうど　良かった。貰うからね。

　いずれの会話も、日常の一コマが描き出されている。昔話などとは異なり、あまりにもありふれた場面であるが、それだけに地域の言語生活の真の姿を知ることができる。また、ここには単語だけでなくその土地ならではの言い回しや表現が溢れており、会話全体が気仙沼や名取の色合いに染まっている。方言のもつなんとも言えない味わいや雰囲気まで伝わってきそうである。地域の言語生活をまるごと記録するこうした試みは、次世代への方言の継承にとって、その基盤作りのための重要な作業と位置付けられる。

おわりに　被災地にとっての方言

　「幸福度指標」という言葉を知っているだろうか。暮らしの幸福感を測るための物差しであり、地域住民の実感にもとづく生活の満足度を測定しようというものである。「国内総生産（GDP）」が経済的な豊かさを示すものだとすれば、こちらは心の豊かさを中心に数値化する。その背景には、経済的な繁栄だけでは人は幸せになれない、心理面での充実もまた人間の生活には欠かせない、という考え方がある。

　被災地の復興に方言が一役買うとすれば、それは心の豊かさを取り戻すための役割であろう。幸福度指標のひとつとして、方言の活性度を設けてもよいかもしれない。もちろん方言はコミュニケーションの障害となることもある。しかし、すでに述べたように、それを回避する工夫がなされつつある。その点への準備は怠らず、一方で、地域の復興に向け、方言の力を最大限に引き出す努力が必要となる。

　当たり前のものが当たり前に存在する。それが心の安定を支え、生きていく力となる。被災地にとって方言とは、日々の生活に幸福感を取り戻すための不可欠な要素であるにちがいない。

第二部

【参考文献】

大野眞男・小林隆編（2015）『方言を伝える—3.11 東日本大震災被災地における取り
　　組み—』ひつじ書房

小林隆（2004）『方言が明かす日本語の歴史』岩波書店

小林隆編（2007）『シリーズ方言学 3　方言の機能』岩波書店

小林隆・澤村美幸（2014）『ものの言いかた西東』岩波書店

小林隆・志村文隆・櫛引祐希子・遠藤仁・武田拓・澤村美幸（2013）『とうほく方言
　　の泉—ことばの玉手箱—上・中・下』河北新報出版センター

東北大学方言研究センター（2012）『方言を救う、方言で救う—3.11 被災地からの提
　　言—』ひつじ書房

東北大学方言研究センター（2014〜2017）『生活を伝える被災地方言会話集—宮城県
　　気仙沼市・名取市の 100 場面会話—1〜4』東北大学国語学研究室（http : //www.
　　sinsaihougen.jp/センターの取り組み/生活を伝える被災地方言会話集/）

【読者のためのブックガイド】

　参考文献に挙げた本について紹介しよう。

　まず、本論の第一節では、方言が文化的にかけがえのない価値をもつことを述べ
た。『万葉集』や『源氏物語』の時代の言葉を今に伝える方言があることにも触れた。
タイムカプセルに乗らなくとも、自分の身近な方言が歴史とつながっている。そう
した興味は、小林隆『方言が明かす日本語の歴史』で深めることができる。いにし
えの奈良や京都の言葉が東北方言の中に生き長らえていることについては、小林隆
ほか『とうほく方言の泉—ことばの玉手箱—上・中・下』が数多くの例を挙げてい
る。

　本論の第二節・第三節に内容について詳しく知りたい場合に読んでほしいのが、
東北大学方言研究センター『方言を救う、方言で救う—3.11 被災地からの提言—』
である。東北大学方言研究センターは私と学生たちが作る方言研究の組織であり、
この本は、東日本大震災発生から間もない時期の活動についてまとめたものである。
コミュニケーションギャップの原因となってしまう方言を「救う」支援者向けパン
フレットの作成や、応援スローガンなど被災者の心を方言で「救う」メッセージの
効果について取り上げている。

　本論の第二節で扱ったコミュニケーションギャップについて視野を広げるには小
林隆・澤村美幸『ものの言いかた西東』（岩波新書）がお勧めである。発音や単語だ
けでなく、ものの言いかた、すなわちコミュニケーションの取り方にも地域差があ
り、それが被災者と支援者の間に違和感を生じさせていることについて述べている。

　本論の第三節では、被災地の心の絆としての方言の役割について述べた。ふるさ
との精神的な復興を担う方言の姿をより深く理解するためには、その前提として、

第六章　震災と言葉

現代方言一般がもつ心理的機能について知ることが大切である。小林隆編『シリーズ方言学3　方言の機能』は、そのための基礎的文献である。

本論の第四節は、方言を次の世代に伝えることをテーマとした。そこで取り上げたのが、東北大学方言研究センターの方言会話の記録『生活を伝える被災地方言会話集—宮城県気仙沼市・名取市の100場面会話—1〜4』である。この資料は私家版であり、手に入りにくいかもしれないが、その内容はすべてセンターのWebサイト「東日本大震災と方言ネット」（http://www.sinsaihougen.jp/センターの取り組み/生活を伝える被災地方言会話集/）で公開している。日常生活で繰り広げられる普段着の方言会話を味わってほしい。

方言の継承を目指した活動は、被災地のあちこちで展開中である。方言会話の記録以外にも、昔話やアフレコ体験を使った取り組み、学校教育や地域のイベントを通じた試みなど、さまざまな活動がおこなわれている。本論の第四節のテーマについて、より視野を広げたい場合には、大野眞男・小林隆編『方言を伝える—3.11東日本大震災被災地における取り組み—』を読んでみるとよい。

本論で述べたことの背景には事実に即した具体的な研究がある。「震災と言葉」についてさらに掘り下げて理解するために、以上のような参考文献が役立つはずである。

第七章 「ふるさと」考
──「とどまる今」と、「臍の緒」がつなぐ心の世界──
…母はくりやで水の音…[1]

座小田 豊

はじめに

「ふるさと」について考えてみたい──これは、ここしばらくのわたしの強い思いである。しかし、こう書き記すわたしの気持ちはけっして単純なものではない。もちろん、あの東日本大震災と福島第一原子力発電所の事故のことが、そして、それによって親しい人を亡くし、「ふるさと」を失い、「ふるさと」を奪われ追われた人たちのことが、まず頭をよぎるからである。たとえばこうである──津波によって押し流され奪い去られた街々は、もはや「ふるさと」ではないのだろうか。掛け替えのないあの人も、かつての「ふるさと」の姿も、いまは跡形もない。だが、それで「ふるさと」のすべては失われてしまったのだろうか。わたしたちはそれでもなお、何もない現状の上に思いを重ねてあの人のことを心から想い、「ふるさと」を思い描き、そこに惹かれ続けているのではないだろうか。帰還困難地区に指定され、六年間も放置され荒れ果てた街々もまた、それでもやはりなお、たしかに「ふるさと」であり続けているのではないだろうか。壊滅した街を、あるいは荒廃した街を眼前にしてもなお、わたしたちの心には「ふるさと」が、喪われたあの人たちの姿と共に彷彿としてよみがえる。わたしたちの「ふるさと」への想いは、通り一遍の中途半端なものではけっしてないからである。だがそれは、一体どうしてなのか。

わたしたちはなぜ「ふるさと」に惹かれるのか──災害に遭逢せずとも、今日の日本では、自分が生まれ育った土地の景観は時の経過とともに少しずつ変わっていき、二十年もすれば、いやほんの四、五年のうちにさえその有様を大きく変えていく。にもかかわらず、この場所、かの

第二部

場所を「ふるさと」と同定し、わたしたちがそこへの想いを深くするのはなぜだろうか。

あの震災の津波によって根こそぎにされ跡形もなくなった、失われた街々や無残な景色でさえもが、いやそれだからこそより強くひしひしと「ふるさと」として想われるというのは一体どうしてだろうか。喪失感が「ふるさと」への想いをかえって増幅させるからだろうか。たとえば、そうだとして、では、なぜそうした想いは増幅されるのだろうか、そして何が増幅させるというのだろうか。増大するのは「ふるさと」を想う、その想いの強さばかりではないはずであろう。喪われた愛しいあの人を想う、その想いの強さに相まって「ふるさと」の存在感・実在感がなお一層強まってくるように思われる。かくして喪失感もいや増しに増してくる。かつてのあの人も、あの時も、あの場所も、もちろんそこにはない。けれども、ないがゆえにある、あるけれどもない、――「ふるさと」への思いは、そうした実感する心の、いわば空転を誘引するようでもある。

しかし、わたしがここで論じたいと思うのは、空転する心模様のことではない。むしろ、今述べた、「ないがゆえにある、あるけれどもない」といった非論理とも思われる事柄に潜むとおぼしき内実のことを考えてみたいということの方なのである。このことを真正面から直截に表現するなら、「ふるさと」は「常に今現在している」ということ、つまり、わたしたちの心にいつも必ず「現前しているもの」ではないのかということである。

以下の論述は次のような道筋をたどって展開される。一．まずはわたし自身の心に思い浮かぶ「ふるさと」のことから始めてみよう。わたしにとっての「ふるさと」とはどのようなものとして思い描かれるのか、ということである。これを「ふるさとのなかのわたし」という観点から捉えてみたい。次いで、二．そこから抽出できる「ふるさと」のエッセンスと思われる諸々の要素・契機を取り出すことにしよう。これは「わたしのなかのふるさと」という観点で捉えられる。そして、さらにこれ

第七章 「ふるさと」考

らを、三. 西洋の哲学思想を紐解いて得られる考え方を援用して解釈してみたい。その際の鍵となるのは、「とどまる今」という概念である。「流れ去る今」に対比されるこの概念のあらましを抑え、その上で、四.「とどまる今」の起源と目される、新プラトン主義の哲学者プロティノスの『エンネアデス』第三巻7章「永遠と時間」の内容を読み解き、さらに、そこを淵源とする系譜に属する幾つかの思想について考察を加える。その上で、五. わたしたちの心に、「とどまる今」として現前してくる「ふるさと」の風土的な含意を確認し、そのことを通して、さらに、「母」のイメージと重なる「臍の緒としてのふるさと」という松尾芭蕉にまつわる概念の意義を浮かび上がらせてみる。以上の考察を踏まえて、六.ヘーゲルの『精神現象学』を題材に、「ふるさと」とわたしたちにとっての教養とのつながりについて小考し、そのうえで小論を閉じることにする。

第一節 「ふるさとのなかのわたし」

「ふるさとのなかのわたし」とは、「ふるさと」の風景のなかにある「わたし」、言いかえれば、「ふるさと」と一体化したわたし自身の姿形のことである。もちろんそれはわたしの記憶のなかでのことであるが、そこではわたしが「ふるさと」の風景のなかに溶け込んで、まるで「ふるさと」がわたし自身であるかのごとくに思われる。その情感は、たとえばわたし自身の今の想いに即して個人的な感懐を述べさせていただくなら、次のように描き出すことができるだろう[2]。

わたしは戸畑[3]生まれの、戸畑育ち、戸畑高校のすぐ近く、子供の足でも2、3分のところで大きくなった。近所の畑と山と池と、そして天籟寺小学校と戸畑高校の校庭がわたしの遊び場だった。小さな頃から高校の広く大きなグランドを羨望の想いで眺めて過ごした。いつかは、自分もここに通うのだと。

四季の折々、春の桜、夏のむせかえるような草いきれ、台風に大きく

第二部

揺れる秋の樹々、凍り付いた冬の池の水面、幾年かを重ね、いつしかそのすべてがわたしのなかで骨肉になっている。なかでも草生した夏の校庭には思い出が詰まっている。網を持って走り回り、転んでも転んでも立ち上がり殿様バッタを追いかけた。草の中に倒れこんで寝転がり、草と土のにおいにまみれて遊んだ。小学校の横の二つの池を駆け回り、また高校のプールに潜り込んで銀ヤンマを追ったこともある。池に肩まで身を沈め、息をひそめて、近づいてくるメスの銀ヤンマをじっと待っていたりもした。水面を吹きわたり、蓮の葉を揺らす風たち、そして、二つの校庭を吹き抜ける風がいつもわたしと共にあった。自分でも不思議だが、蓮の花を咲かせる泥臭い池の水の匂いや、高校の校庭の東側、五、六段の横に長い座席をかねたような段の上にあった校旗掲揚台の、夏の日に照らされて熱くなったコンクリートのにおいは今でも思い起こすことができる。北側の、樹々に覆われた斜面の下には、たしか防空壕の跡があっただろうか。小学生の頃まで、その斜面を樹の間伝いに滑り降り、その洞穴の前にたたずんで、恐る恐る中をのぞき込んだりしていた。

　今では、その洞穴の奥の奥に、わたしの少年時代が潜んでいるのではないかという気さえする。その洞穴はまだあるだろうか。古い校舎は建て替えられただろうか。石灰のにおいに満ちていた体育館はどうだろうか。うす暗い中で幾人もが動き回っている靴の音と大きな数々の声、それらが高い天井に響いて、それだけで威圧感を覚えたものだ。悪友、凡友、親友、汗臭い学生服の丸坊主の男たち、風薫らせる乙女たち、ほぼ三年の間、同じ時と空間を共にし、同じ空気を呼吸し、同じ風に吹かれて明日を語り合った仲間たち、彼らは、今どのような人生の黄昏時を迎えているのだろうか。

　周辺の夜宮や天籟寺の市場や店々、下駄屋さんの削りたての木の香り、天ぷら屋の油のにおい、風呂屋の石炭の煤のにおい、食堂の麺つゆの香り、酒屋の前の酔客たちの人だかり、店先のおばさんたちの笑い声――、振り返ってみると、こうした一切がいつも風と共にあって、これまでわたしの意識の奥底にうごめき疼いていたようだ。

162

とばた、トバタ、戸畑……。

懐かしいオトの響き、そして風のそよぎ、これはわたしのふるさとそのもの。

すべてが美しかったというわけではけっしてない。19歳で戸畑を後にしてはや半世紀近く、以後ずっと異土に過ごしてきた身ゆえであろうか。このオトを想い起すだけで、心の襞に何年も降り積もった記憶の奥底から、あの街の風と息吹のただなかにあって、家族をはじめ、幼い友たちや、野や空や街と共にあるわたし自身が、一気に迸り出てくる。

それは、懐かしい、というだけではとても足りない、いわば、わたしのいのちの源。

できるなら、いつの日にか、たとえ死後であってもあの風になって帰りたい、そう想う。

わたしがわたしであるのは、「ふるさとのなかのわたし」がありうるがゆえにではないか、と今わたしは思う。ひとはこれを、年をとれば誰もが抱く、老いゆえの感興にすぎないというかもしれない。たしかにそれもあるだろう。だがそれだけだろうか。そうであるとしても、どうしてそうなるのかを、むしろ問いかけてみたいと思う。若者たちの心の内でも今現在こうした情感の源となる記憶が刻々と刻まれ積み重なっていることであろう。それは、どうしてなのか。そのことを今度は、「わたしのなかのふるさと」という視点から考えてみたい。

第二節 「わたしのなかのふるさと」

わたしたちの心の中には、くっきりと思い浮かぶ「原風景」とでも呼ぶべきものがある。何を、どのようなものを、またどのようなことを「原風景」と呼ぶのかは、もちろん人によって違っているだろう。そして、それはまたただひとつというわけでもない。様々な風景や光景が、そして人々の懐かしい姿や形が、時と所・場面を変えて、あたかも当時のままのように心の中を去来する。そこには、自分でも信じられないことに、

第二部

空気や風の匂いさえもが漂い、また時に雑然と、また時にはっきりと、人々の様々な声や物音さえも聞こえている。それが単なる「夢」でないことは、このうつつのいま現在においても、眼を閉じるとそれらが様々にくっきりと思い起こされることからも明白である。むろん、それが当時のままそのままにということはありえないだろう。わたしたちの記憶の奥底にあって、その上に重ねられた様々な想いや経験を介して、多分の変容をこうむって現れる。しかも、その現れも一定ではない。こちらの現在の心のありように応じて微妙に変化してくるようである。であるがゆえに、それは往々にして「まぼろし」とも解されてしまうのであろうが、しかしそのいわば実在感は、むしろこのうつつが空虚にさえ感じられるほどに濃密である。こうしたものの総体をこそ、わたしは「ふるさと」と呼びたい。まさしく、わたしのこうした「感興」のさなかにおいて、「わたしはふるさとにある」と実感されるのである。

　「ふるさと」は、もちろん、たんに人々への懐旧の想いのなかだけにあるものなのではない。わたしたちの生の深いところにあって、その生をいつも根底から支え培っている。その意味では、わたしたちが生き続けている限り、その都度、その時々に、そこに現前してくるのだと、いや、現前しているのだ、と言ってもよいように思う。

　時を経て、現実の「ふるさと」の方がすっかり変貌してしまっていても、心のなかのあの「ふるさと」の方は、いささかも変わることなく、むしろその存在感を強くしていくようである。それは、現に生きているこの瞬間の今ではなく、心の奥底の「ふるさと」が現前するその「とき」こそが、わたしにとっての本当の「今」であるようにさえ思われるほどである。言ってみれば、これを「とどまる今」と呼ぶことができるのではないか。なぜなら、むしろこちらの方がわたしの生の根底に、絶えることのない不断の「今」として留まり存在し続けていて、だからこそそれをその都度眼前に想起することが可能になるように思われるからである。「原風景」が「原風景」である所以は、たまたまそれが記憶に残っているからといった理由によるのではないだろう。一般に記憶が次第に

164

第七章 「ふるさと」考

曖昧になっていくことを念頭に置くならば、むしろその情景と「とき」が、それ以後のわたしの生き方や考え方、大袈裟な言い方をすれば、総じてわたしの「存在全体」に影響を及ぼすものとして受け止められているからではないのか。その意味からすれば、それは単に「記憶」というよりも、むしろはるかに「とどまる今」としてわたしを規定する「現在的」な意識であるはずなのである。

あの東日本大震災の記憶は、わたしたち誰しもの「原風景」となっているに違いない。忘れようにも忘れることの叶わない「ふるさと」の無残な有様は、いのちを奪われた方々の鬼哭の声と重なってわたしたちの心を引き裂き苛み続けている。そこでは、数々の無辜のいのちが奪われ、街々が喪われたという沈痛な想いと、それらの人々やものたち一切に対する愛おしさの想いとが折り重なるように交錯する。こうして「わたしのなかのふるさと」という想いが強く立ち上がってくるように思われる。

「時」は哀切に流れ過ぎ去るも、それゆえにこそ、その時々の比類ない想いが「とどまる今」として心に深く刻まれていく。そしてそこに刻まれた想いが心に留まることによって、それが想起されるとき常にわたしたちに「今現在のこと」として眼前に彷彿としてくるのではないか。そうであればこそ、この「わたしのなかのふるさと」の「その時」のことを「とどまる今」と呼んだ方が良いように思われるのである。

ここに含意される「時」の内実を読み解く手立てを西洋の思想のなかに探ってみたい。哲学の歴史上の思想を読解するという、いささか特殊な議論になるが、わたしの「ふるさと」を浮き彫りにする不可欠な作業なので、しばらくお付き合いいただきたい。

第三節 「永遠」は「現在」のなかに

いま、「とどまる今」という表現を使った。これは、実は、西洋の哲学の歴史のなかで「nunc stans」と言われる考え方を援用したものである。これがすなわち、直訳すれば「とどまる今」ということである。この概念はトマス・アクィナス（1225？〜74）が『神学大全』第一部の第

165

第二部

一〇問題「神の永遠性について」の第二項で、「nunc fluens・流れ去る今」と対比させて用いているものである[4]。トマスはボエティウス（ca. 480〜525）の名を挙げてこう述べている。

「というのも、ボエティウスが言うように、流れ去る今が時 tempus を作り、とどまる今が永遠 aeternitas を作るからである」。

「流れ去る今」は文字通り「時間」を意味している。時間は常に「今」の連続であり、その「今」は一瞬たりともとどまることなく次の「今」へと引き継がれていく。言いかえれば、この瞬間の「今」はすぐに消え去り、次の「今」にその位置を譲っていく。厳密に言えば、時間が空間とは異なる以上、「その位置」（場所）を譲ることなどあり得ないのであるから、時間上次の「今」にとって代わられると言う方が正確であろう。とはいえ、どのようにしてとって代わるのかはそれほど分明ではない。わたしたちは過去→現在→未来という直線でイメージした時間軸を思い描き、その軸上を「今」が次々に過ぎていくと考えるばかりである。本当のところはどうなのかはさておいて、こうした流れ去る河のイメージからすると「流れ去る今」という考え方は多分わたしたちの通常の時間理解とも合致するものであろう。

ところが「とどまる今」の方はそれほど簡単ではない。まさに「永遠性」そのものにかかわるとされる概念だからである。先ほどのトマスの文章は、「永遠性」が作られたものであるのなら、神は「永遠」ではない、なぜなら神は「作られたもの」ではありえないから、という神の永遠性に反対する側からなされる論証のなかの一文であった。もちろん、トマスは神の永遠性に全面的に賛同するわけであって、「とどまる今が永遠を作る nunc stans facit aeternitatem」という文意について、「われわれの理解 apprehensio の仕方にしたがって語られているにほかならない」と述べ、「作る facio」という動詞の意味を現実的な創造という観点のことではなく、わたしたち人間の理解の所産という観点から捉えるべきだと主張するのである。「流れ去る今が時を作る」の方ももちろん、先に見たように、「流れる時間」というわたしたちの時間理解の上から捉え

166

第七章 「ふるさと」考

られているものだと見てよいだろう。

　ところで、研究者によると、トマスが挙げているボエティウスのテキストには、「とどまる今」と、類似の概念はあるにしても、その概念そのものは見当たらないということである[5]が、この類似の概念の歴史的な由来を読み解くことで、「とどまる今」のより広い意味が明らかになってくるように思われる。

　ボエティウスの『三位一体論』の当該の文章は次のようになっている。

　　ところが、神について「常にある」ということはたしかにひとつのことを、すなわち、過去の全体にあったことになるであろうし、現在の全体に──それがどのようなものであろうと──現にあり、未来の全体にあるであろうということを意味している。天体やそのほかの不死の物体については、哲学者たちに従って、そのように言うことができるが、神についてはそのように言うことはできない。というのも、常にあるというのは、神においては時 tempus の現在 praesens の「常 semper」のことであって、わたしたちのものの世界の現在、すなわち「今 nunc」と神の現在たちとの間にはそれだけの違いがあるからである。すなわち、わたしたちの「今」はいわば流れつつ時と永続性〔常在性〕sempiternitas を作るが、神の「今」は恒久的 permanens に、動くことなく、自分自ら静止したまま永遠 aeternitas を作るからである[6]。

　少し読み解いてみよう。ボエティウスは、過去・現在・未来の全体にわたって存在するもの、これを「永続性」と言い、その時間を「流れる今」と捉えるのに対して、神の「今」の方は、流れることなく（「動くことなく」）、「恒久的 permanens に」、「静止したまま永遠」を作る、というのである。「常にあるというのは、神においては時 tempus の現在 praesens の「常 semper」のことである」というのがその意味するところだということになる。つまり、神における今とは、神が「常に」時間の

167

第二部

「現在」としてある、ということである。であるがゆえに、神は永遠性であって、永続性とは異なるのである。つまり、永続性が、過去・現在・未来という時間の線分の無際限の延長のことであるのに対して、永遠性とは、「常なる今」として、過去・現在・未来のすべての時に、いわば「同時に」存在することなのである。前者は世界について適用されるが、後者は神にのみ認められる。トマスがボエティウスに「とどまる今」を帰す所以もここにあるだろう。「永遠」は「とどまる今」、すなわち「現在」そのもののうちに認められるわけである。

それにしても、一体なぜ「とどまる今」が問題になるのだろうか。もちろん、キリスト教思想の文脈に置くなら、神の永遠性を裏づける論証のひとつと見ることができるだろう。しかし、その文脈を離れたとき、どうなるのか。その点を、ひとまずこの概念の起源となるプロティノスに立ち帰ることで確認しておきたい。「永遠」とは何かが問われるのである。

第四節　「永遠と時間」——プロティノス、そしてクザーヌスへ

紀元後 3 世紀のローマ時代に活躍した、古代末期の哲学者プロティノスの著作『エンネアデス』は新プラトン主義思想の典拠として、キリスト教世界はもちろんヨーロッパの思想世界に大きな影響を及ぼしたが、その思想の源泉は古代ギリシア、アテナイの哲学者プラトンであって、キリスト教ではない。ここでは、「とどまる今」に関連して、彼の思想のなかでも、第三論集第七論文「永遠と時間」に関する論考[7]に限定して、「永遠」の意味の哲学的な含意についてその概略を紹介しよう[8]。

プロティノスはまず冒頭でこう述べる。「わたしたちは永遠 αἰών と時間 χρόνος をそれぞれ別々に名づけており、前者を永久のもののもとに、他方時間を生成しつつあるもの、つまりこの世界のもとに割り当てている」（373 頁）。時間は永遠の「似像」だというプラトンの考えに従って、プロティノスも時間を知るにはまずは原型である永遠の理解から始めるべきだというのである。こうして、以下「永遠」についての検討が始ま

168

第七章 「ふるさと」考

るが、その詳細は省略して、結論と思われるいくつかの要点を挙げることにする。

一. 永遠を静止においてばかりではなくて、一 ἕν においても考えなくてはならない。さらに、永遠が時間と同じものではないのであれば、それは空間的・時間的に広がりをもたないもの ἀδιάστατος でなければならない。（377 頁参照）

二. それゆえ、「あった」でも「あるであろう」でもなく、もっぱら「ある」だけのもので、この「ある」を確固としたものとして持っているものは、それが「あるであろう」に変わることもなければ、かつて変わったこともないのであるから、これこそが永遠である。したがって、「あるもの τό ὄν」のうちにあって、「ある τό εἶναι」にとどまる生命 ζωή、包括的な全体であり、充実していて、時間的にも空間的にも広がりを持っていない生命、これこそわたしたちが求めているもの、すなわち永遠である。（380 頁以下参照）

三. 永遠とはすでに全体的であることによる無限の生命であり、その生命のいかなる部分も過ぎ去ったことがなく、まさにあろうとしているのでもないために消耗しない。なぜなら、消耗するとすれば、すでにこの生命は全体ではないであろうから。（386 頁参照）

四. 「真にあること ἀληθῶς εἶναι」には「より以前」も「より後」もなくて、「ある ἐστιν」がそのすべての内容のなかで最も真実のものであって、それそのものであるのだから、それも、それが実在 οὐσία あるいは生命であるという意味においてそうなのであるから、またも、わたしたちが話題にしているもの、つまり永遠が現れてきたのである。（388 頁参照）

ここでプロティノスが挙げている「永遠」に関する考え方は、言うまでもなくギリシア起源のものである。たとえば、アリストテレスの『形而上学』という著作の中の、「実体 οὐσία」、「存在としての存在」、「神

169

第二部

的なもの」といった概念が踏まえられている。基本的には、「ある」という、過去・現在・未来を通して変わらぬ「存在」そのものの有様がそう名付けられているわけである。ここに特徴的なのは、「生命 ζωή」という思想であろうか。これはプロティノスの代表的な概念「一者 τό ἕν」と重ねて理解されなくてはならないが、包括的・普遍的な「一者」と個々の存在者が「生命」を介して同じ一つのもの、つまり不可分の「一者」として捉えられるわけである。先の三番目の文章に、「永遠とはすでに全体的であることによる無限の生命であり、その生命のいかなる部分も過ぎ去ったことがなく、まさにあろうとしているのでもないために消耗しない」とあるように、「過ぎ去ったことがなく、これからあろうとしているのでもなく」、常にすでに現に「ある」無限の生命が「永遠」とみなされているのである。

　ちなみに、四番目の文章もそれとほとんど同じことを表現していると言ってよいだろう。「真にあること ἀληθῶς εἶναι」とは、時間的な先か後かではなく、常に「ある ἐστιν」でなくてはならない、というわけである。この議論は、たとえば、何を世界の根本原理とみなすのかという、古代ギリシアでしきりに戦わされた、世界および物事の「始まり」、すなわち「第一原因 ἀρχή」をめぐる議論の系譜に連なるものであって、その歴史的由来を指示していると言ってよいだろう。いずれにしても「永遠」は、時間の特徴とされる「空間的・時間的な広がり」とは相いれない「包括的な全体であり、充実した生命」なのであって、時間のもう一つの特徴である「運動」と対比して「静止」とみなすのは誤りとされている。空間的・時間的な移動としての「運動」ではないにしても、まったくの不動というのでもない。「一 ἕν において考えなくてはならない」というのは、「永遠」は、生成・消滅あるいは変化という相の下では考えられないということであろう。「生命」は躍動するエネルギーそのものであり、欠けることのない「充実した全体」としての「一者」なのだから。

　さて、この「ある」そのものである「永遠」という思想と「とどまる

第七章 「ふるさと」考

今」がどのように関連するのだろうか。その点を確認するためには、「ある」を「今」ないしは「現在」と置き換えて読み取ってみる必要がある。そうすることで、プロティノスの言う「永遠」とその「時間」との違いが明確になるはずである。そのための資料として、時代を一気に下って、近代初頭、15世紀イタリア・ルネサンスの神学者、ニコラウス・クザーヌス（1401–64）の『知ある無知』から文を引いてみる。

　　このように、静止は運動を包含する一性 unitas である。より精妙に観察するなら、運動は順次的に秩序づけられた静止である。同じようにして、今 nunc、すなわち現在性 praesentia は時間 tempus を包含する。過去 praeteritum は現在 praesens であったし、未来 futurum は現在になるであろう。ゆえに時間においては秩序づけられた現在性以外には何ものも存在しない。すなわち過去と未来は現在の展開 explicatio praesentis である。現在はすべての現在する時間の包含 complicatio であり、現在する時間の契機は、〈現在 praesens〉が系列的に展開したものである。現在する時間の契機のうちには〈現在〉しか存在しない。ゆえに、一なる現在性 una praesentia がすべての時間の包含である。この現在性こそは一性それ自体 ipsa unitas である。（『知ある無知』第2巻3章[10]）

　内容はけっして簡単ではないが、これがプロティノスの系譜に連なる思想であることは一読して明らかであろう。「静止は運動を包含する一性 unitas である」とは、まさしく先ほど引いたプロティノスの「永遠と時間について」のなかにも出てくる表現なのである。ただし、プロティノスの「生命」の躍動感は、ここではいささか脱け落ちているようである。がしかし、その一方で論理の明達さという点ではより曇りのないものになっているように思われる。「ある」、「生命」が「現在性」と「現在」に置き代わり、「一」が「一性」、「一なる時間性」と捉えられ、そして、「時間」の「包含」と「展開」という契機が新たに取り入れられ

171

第二部

ることによって、「永遠」の意味が簡潔に表現されている。すなわち、「永遠」とは「現在性」、「一性」のことなのだと。だが、これはどういうことなのだろうか。ここまでの考察を踏まえながら、解釈してみよう。

　プロティノスの言い方によれば、「現在」とは「ある」であり、過去も未来も「ある」、すなわち「現在」と捉えられなければならない。過去はかつての「ある」であり、未来はやがて来る「ある」であり、いずれも「現在」としてのみ「ある」でありえたし、「ある」でありうるからである。クザーヌスによれば、過去も未来も、「現在」が「展開」されるがゆえに「ある」ことが可能なのであり、逆に言えば、「現在」の「ある」がどちらをも「包含」しているがゆえに過去は「ある」ことができたし、未来も「ある」ことができるのである。ここに先に引いたボエティウスの次の一文を重ねてみるとクザーヌスの言わんとすることがより明瞭になるだろう。ボエティウスはこう述べていた――「わたしたちの「今」はいわば流れつつ時と永続性［常在性］sempiternitas を作るが、神の「今」は恒久的 permanens に、動くことなく、自分自ら静止したまま永遠 aeternitas を作るからである」。「今」とはもちろん「現在」のことである。わたしたちの「現在」は、たしかに、絶えず流れ続けて「時」として一瞬一瞬に消えていく。しかし、見方を変えるなら、「現在」だけは常に変わらず「ある」であり続けており、今この「現在」から見れば過去と未来へと「現在」が「時間」として「展開」しているが、「時間」の全体をすべて「現在」が「包含」していることになる。このことはさらに言えば、すべての「時間」は「現在」が「同時にあること」として理解可能だということでもある。ゆえに、「現在」こそが「永遠」とみなされるわけである。

　ボエティウスの文の後半の「神」と「永遠」に即するならば、次のように言うこともできるはずである。すなわち、神における永遠とは、すべての「現在」に神が「同時に現前 simul praeesse している」ということである。神はすべての時間の「今」を眼前にしている、言いかえれば、神にとっては、過去の現在も、今のこの現在も、未来の現在も、すべて

第七章　「ふるさと」考

「同時に現在」なのであり、すべての「時」は「現在」なのである。このように見てみると、「一なる現在性 una praesentia がすべての時間の包含である。この現在性こそは一性それ自体 ipsa unitas である」という文章の意味も明らかになるだろう。もちろん、クザーヌスも、先の文章のすぐ後の箇所で、こう述べている——「それゆえ、神は、すべてのものがそのうちにあるがゆえに、すべてのものを一つに包み込むものである。神は、それ自身がすべてのもののうちにあるがゆえに、すべてのものの展開なのである。」（ibid., 94 頁）「一なる現在性」を「神」と解することによって、そのいずれもの「永遠性」が確証されるというわけである。

　「とどまる今」とはこのように、「流れ去る今」に左右されることのない、むしろそれをその都度に成り立たせている、「時」の根拠、つまり「永遠」のことだと考えられている。

　このようにみると、わたしたちの「ふるさと」への想いを「とどまる今」と捉えることは、神の「永遠性」をそこに結びつけることと重なるであろう。これはあまりにも大それた不遜な仕儀と言うべきなのだろうか。いやそうではあるまい。むしろ「ふるさと」と神とがわたしたちにとってはある意味で等根源的なものであるということではないかと思う。わたしが今念頭に置いているのは、人間の魂のうちにある「精神の力」について語っているマイスター・エックハルト（1260-1328）の次の文章である。

　　神は永遠の今にあるのと同じように、この［人間の精神の］力のうちにある。もしも精神がいつもこの力の内で神と一体化されているのであれば、人は老いることなどありえないであろう。…見なさい。この人は神と共にひとつの光のうちに住んでいる。それゆえ、彼の内には、苦悩も時の継起も存在せず、変わることのない永遠があるばかりである。…彼は未来の事柄からも、何らかの「偶然」からも何ひとつ新しいことを受け取ることはない。というのも、彼は、常に新たに、絶えることなく、ひとつの今のうちに住まっているか

第二部

らである。このような神的な高貴さ Hoheit がこの力の内には存在
している[11]。

　人間の精神の力のなかに神が宿っているがゆえに、人間もまた「永遠
の今」「ひとつの今」のうちに住まいするものである、というのである。
ご覧のように「永遠の今」において人間と神が「ひとつの光」のうちに
「住まう」、とも言われている。もとより、13世紀のドイツの神秘主義
思想家の言説をそのまま受け入れることはできないにしても、その思想
のエッセンスと思われるものをわたしたちの世界理解に応用することは
可能であろう。わたしたちが「住まう wohnen」のは、しかも居心地良
く「住まう」のは、まさしく「ふるさと」においてのことではないだろ
うか。そこには神もまた「住まっているのだ」と言ったとしても、けっ
してわたしたちの心情を逸脱するものではないだろう。もちろん、わた
したち自身が神であろうはずのないことは十分承知の上であったとして
もなお、「ふるさと」に神的なものを仮託することは、わたしたち日本
人にとってけっして不自然なことではない[12]。わたしたちにしても、「ふ
るさと」の我が家は、死して後もなお、強く結びついていたいと言う
るただひとつのものだとも思われるからである（次節の芭蕉と賢治を参
照）。

　いささか遠回りをしすぎた感がなくもないが、このように哲学の文献
を紐解くことで、わたしが「ふるさと」に託す想いの一端は、よりよく
理解していただけるのではないかと思う。むろん、「ふるさと」は、時
間を超えて深い思いを私たちに抱かせるのであるが、それと同時にこの
世界の空間にも明らかに遥かなる位置を占めているだろう。わたしたち
を包み込むこの天空と大地の全体、どこにいてもわたしの「精神の力」
のうちに現前している──クザーヌス流に言えば──無限の「我が家」、
英語の atmosphere が、「ふるさと」の──境界も定かではない、大まか
なものではあるけれども──圏域を形作っているように思われる。こう

して、これがまたわたしたちの意識のうちにあって、わたしたちに呼吸を与え、生命を吹き込む働きをしてくるわけである。まさしく、わたしたちは「ふるさと」のうちなる「我が家」に、住まいしているからである。この「我が家にあること」が「哲学すること」であるとした詩人がいたことを手がかりに「ふるさと」について、更に考えてみる。

第五節 「ふるさと」とは「臍の緒」のことである

まず、ドイツ・ロマン派の詩人ノヴァーリス（1772-1801）の言葉を引いてみよう。こうである。

> 哲学とはそもそもふるさとへの郷愁 Heimweh である、すなわち、至る所で我が家 Haus にあろうとする衝動である[13]。

この「我が家 Haus」とは、哲学の「ふるさと」、つまり真理のことである。哲学はいつの時代にあっても、基本的に真理を追い求め、そこに自らの居場所を見定めようとしてきたからである。古代ギリシアのソクラテス以前の哲学者アナクシマンドロス（B.C.610〜546ca.）は「諸々の存在するものにとっての生成の起源は、破壊もまた必然にしたがって生じ、そのうちへと消失していく当のものである」（Simplicius, Phys. 24. 17）と言ったと伝えられるが、存在するものにとっての「生成の起源」であり、「消滅後の行き先」であるこのものもまた、すべてのものの起源にして帰るべきところ、すなわち「ふるさと」であって、哲学はその歴史的発端からしてすでに、「ふるさと」を真理として追い求めてきたのだと言ってもよいだろう。だからこそノヴァーリスは、哲学を「真理への郷愁」と捉え、憩うべき住まいとしての「我が家」を追い求めるものと見なしたのである。

わたしたちもまた誰もが「我が家」という、言ってみれば風土的なものとしての「ふるさと」に対する郷愁の念を抱きそこへと立ち帰ろうとする。それはまた、私たちにとってつねに「自分」を庇護するものであ

第二部

ると同時に、帰るべき方向を指し示すものとしてあるからでもあろう。もちろん、明確なこの、あるいはあの方向というのではない。心の羅針盤そのものともいうようなものであろうか。たとえその「ふるさと」を拒む場合であってさえも、こう言ってよければ、「おのれ」に恥じることなき「生き方」をわたしたちに指示するからである。「ふるさと」に錦を飾ることが街に出ようとする者の目標であるとするなら、「ふるさと」に顔向けができないこと、「ふるさと」に対して恥じるべきことは、当然のことながら到底おのれに許されることではあるまい。あの山、あの川、あの家々、両親、兄弟姉妹、師友たち、町の人々、それら、彼らがわたしたちを見つめ、「それでいいのか」と問いかけてくる。ということは「ふるさと」はまた、わたしたちにとって自立を促す心の声として働くのだとも言えそうである。それは、「ふるさと」を拒むような人の心にこそ、大きなよりどころとなるように思われる。

スイスの歴史家J・ブルクハルト（1818-1897）は『イタリア・ルネサンスの文化』のなかで、コスモポリタンを定義して、世界のいたるところを「我が家」とみなすことのできる人だと述べている。14世紀のイタリア・初期ルネサンス期の知識人、たとえば万能の人、フィレンツェ生まれのダンテ（1265-1321）は、「ふるさと」を追われた流浪の身にあっても、どこであっても「ふるさと」にある気持ちを失うことなく、「個人」として世界を股にかけて活躍する普遍人の先駆けとしてイメージされるのである[14]。ところが、このような生き方は、逆に言えば、彼にとってはどこにいても「ふるさと」が眼前にあるからこそ可能なのであって、どこにいても「我が家」に住まっているというよりもむしろ、どこにいても「我が家」が彼のうちに住まっていたからこそ実現できた、ということではないかと思われる。要するに、「ふるさと」を持たない根無し草の流浪者であれば、世界のどこであっても、たとえそれがパラダイスであったとしても、けっして「我が家」とはなしえないということであろう。近代人の「個」としての自覚の芽生えは、普遍的な「ふるさと」に定位するからこそ可能だったということではないだろうか。

第七章 「ふるさと」考

　ところで、我が国の漂泊の俳聖松尾芭蕉からもまた、「ふるさと」の呼ぶ声を聞き取ることができる。彼がそれを直截に「臍の緒」と呼んでいたことを見逃すことはできない。

　　　代々の賢き人々も、古郷はわすれがたきものにおもほへ侍るよし。
　　我今ははじめの老も四とせ過て、何事につけても昔のなつかしきまゝに、はらかのあまたよはひかたぶきて侍るも見捨がたくて、初冬の空のうちしぐるる比より、雪を重ね霜を経て、師走の末伊陽の山中に至る。猶父母のいまそかりせばと、慈愛のむかしも悲しく、おもう事のみあまたありて、
　　古郷や　臍の緒に泣く　としのくれ　　　芭蕉[15]（原文のママ）

　自らの「ふるさと」への想いを「代々の賢き人々」に仮託して、歳を重ねたおのれを振り返りつつ（「はじめの老いも四とせ過て」＝四十四歳を過ぎて）「ふるさと」への思いを募らせていたある日のこと。身内の者たちもその多くが年老いて、その様子も気がかりであったがために、初冬の時雨る季節の始まるころから、「ふるさと」を訪ねる心の準備をしていたが、師走の末になって漸く「ふるさと」「伊陽」の地に足を踏み入れてみた。その途端、慈愛に満ちた今は亡き父母のことが一挙に胸中に溢れ出てきて、「ふるさと」とおのれとの一体感に胸を絞られることになる。この一体感を、父母への恩愛の気持ちと重ねて、「臍の緒に泣く」と表現したわけであろう。芭蕉のこの時の気持ちを表すのに、これ以外の言葉はなかったものと思われる。

　「古郷や　臍の緒に泣く　としのくれ」

　かつての日本では、「年の暮れ」は、一年のなかでも、亡き人の魂が「ふるさと」に帰ってくる一番の時とされていたようだ[16]。思うに、芭蕉も無論そのことを承知で、この時期に帰郷したのであったろう。無事に

177

第二部

両親の魂との再会を果たしたのかどうか、いずれにしても「臍の緒」を
介した父母との、そして「ふるさと」との繋がりの実感を改めて強くし
たに違いない。そしてそれが、「再会」の表徴ともなったのであろう。
この句はそれを、「臍の緒に泣く」という中句によって余りなく表現し
ている。同書の校閲者はこの句の意を、「年の暮れ、故郷に帰って、古
い自分の臍の緒を見て、昔を思い今は亡き父母へのえにしを思い、涙に
くれることだ」と解釈されている。芭蕉が実際に自分の「臍の緒」を見
たのかどうかはともかくも、「臍の緒に泣く」というのは、まさしく臍
を貫いて父母の魂と心の底から交感したという想いの表現であるはずな
のである。わたしたちは「ふるさと」と、まさしく「臍の緒」を通して
強く結ばれている、ということ、言いかえれば、「ふるさと」は「臍の
緒」そのものとして実感されるということであろう。それゆえに、「ふ
るさと」は、どこにいても、どのような心境にあっても、いつでも、や
はり「我が家」だと思われるのである。

　芭蕉は、亡くなる四日前に、「旅に病んで夢は枯野をかけ廻る」と詠
んだとされるが、その病の床のなかで何を想っていたのであろうか。「ふ
るさと」を、父母のことを考えなかったはずはないように思う。

　いささか唐突ではあるが、芭蕉のこうした想いに重ねて、わたしには、
宮沢賢治が急性肺炎を患って、吐血を繰り返し、死を覚悟した床のなか
で歌った「病中」という詩[17]のことが思い合わされてならない。こちら
は、母親の手厚い介護を受けながら、生死の境をさまよい、眠ってしま
うと二度と目覚めないのではないかという死の恐怖と戦う、その半ば無
意識ともいうべき心地のなかで母親の気配を探す賢治である。賢治はこ
の詩の最後に、二字下げて、いかにも何気ない日常の一コマであるかの
ような、一行を付け加えている。「…母はくりやで水の音…」──台所
で賢治の病の処置のために手拭いなどを洗い清め冷やしているのであろ
うか。あるいは、食べやすい食事の支度などをしているのであろうか。
くりやの水しぶきの音が母の手の動きに応じてか、微妙に変化するので
あろう。その音に母の「存在」を確かめるということであろう。死にゆ

かんとする者にとって、母親こそはやはり、この世と自分との最後の絆であるということであろうか。この「病中」という詩には、あの『無声慟哭』に描き出された、「けなげないもうと」とし子の臨終を看取って、「いのち」のはかり知れない「重さ」とはかなさを思い知らされた悲痛な体験[18]が響震していたに違いない。幸いこの時は小康を得て、賢治はこの後数年を、「雨ニモマケズ」の詩にあるように生き、『風の又三郎』をはじめ、「ふるさと」への想いを重ねた数々の名作を遺すことになる。

　芭蕉と賢治、死の床のふたりは、図らずも「ふるさと」を介して一つに結び合うように思われる。ふたりに共通するこのものを「死の経験」と呼んでも、あながち間違いとは言えないのではないか。「ふるさと」はかくも強く深く「臍の緒」となりわたしたちに結びつき、わたしたちを結びつけ、わたしたちに「いのち」を賦与しているからである。

第六節　「ふるさと」を「経験」することが「教養」である

　さて、「哲学とは我が家にあろうとする衝動である」というノヴァーリスの言葉の意味は、「教養形成」というヘーゲルの『精神現象学』という書物の主題に結びつく。

　この書の主人公は「自然的意識」と名づけられているが、いわばひとりの「青年」と言ってもよいだろう。彼・彼女が出発点で抱く目標によって動機づけられて、動き始め、様々な経験を積み重ねてその目標へと前進し、感覚的確信から悟性、自己意識、理性、精神へと次第にステップアップを重ね自分自身の本来の姿を実現していく。その各段階では、進みたどり着いた＝実現したおのれ自身の現在の意識のありよう（これをヘーゲルは「境位 Element」と呼んでいる）において、これまでの自らの来し方の記憶を想起することはもちろん、これからの目標を重ねて想い起すことが不可欠である。とりわけそれまでの未熟なおのれのいたらなさや不十分さを、「現在的に想起すること」が求められる。ヘーゲルはこれを「想起・内面化」を意味する Erinnerung という概念でとらえるが、この想起によって彼は、そのときすでにこれまでの自分自身を乗り

第二部

越えているとみなされる。とはいえ、けっして過去の自分が捨て去られるのというのではない。その際想起はすなわち、単に過去に向けてのそればかりではなく、未来に向けてのそれも、「現在」そのものとして現前させるのでなくてはならない。想起される「過去」は、「直線的に流れ行く時間」のなかでの「過ぎ去って今はもうない」「かつての現在」なのではなく、想起される「未来」もまた「いまだない」「やがて到来するはずの現在」なのではないはずだからである。どちらも想起されることによって、「ここに現前」する「今現在」となって保持されているのである。つまりは、「今、ここに現前する」、来し方の出発点と行く末の目標が、実は自分の本質であることが理解されるのである。ヘーゲルはこのような意識の在り方を「経験」と呼んでいた。自らの出自と目標とを同時に見据えることによってはじめて今現在の自分自身が確認できるからである。

　このような自らの起源であり、かつ目標であるものとは「ふるさと」に他ならないであろう。ヘーゲルが、主人公が人間としてのおのれを自覚する「自己意識」の章の二段落目の冒頭で、「自己意識と共に真理のふるさとの国に歩み入ったのである」[19]と述べた理由はまさしくそこにある。この「ふるさと」の根幹を掘り起こし、その本質を探り当てることが哲学的主人公の「教養形成」という「経験」になるわけである。

　来し方の過去を想起することはともかくとして、行く末の目標である未来が現在であるとは、いささか奇妙な物言いだと思われるかもしれない。それを、目標や目的と考えるとどうであろうか。将来達成されるはずの目標は、それを目指しているこの現在の段階にも、やはりそれなりの働きを及ぼしているとみることはできる。もちろん、いまだなお明確に形をとっているはずはないとしても、後になって振り返ってみたときに、確かにそれがそのときわたしを衝き動かしていたと言えることがあり得るだろう。たとえば、「目的」とは、そのようなものとして人の行為のプロセス全体を貫いているもののことであろうが、それは、見方を変えるなら、そのプロセスのどの時点を切り取っても、それが常にそこ

第七章 「ふるさと」考

に「現前」していたのだし、現前していると、みなすことは十分に可能であろう。その意味でもそれは将来の目標の「内面化・想起」として可能であるはずなのである。

「ふるさと」を想起すること、それを通して今の自分自身を顧みて、「ふるさと」になおも寄り添おうとすること、そこに「教養」の本来の在り方が求められているように思う。もっともヘーゲルはこのような「経験」がひたすら上昇し続ける平穏な道筋だとは考えていなかった。彼が重視する意識の在りようが「否定性」という概念で捉えられていたことを見逃すことはできない。彼は何よりも「自己の否定態」、なかでも「死」という「絶対的な主人」の命令に耐え、そのさなかに自分を見つめ直すことを求めていたからである。このような「否定的なもの」に耐えて、なお自分の本質を手に入れようとする意欲を保持できるのは、当の「ふるさと」が「魔法の力」[20]を発揮しつつ根柢で意識を支えているからである。であればこそ、「死の経験」でさえ、「ふるさと」を想起することで内面化（肯定的要素に転化）できるというのであろう。

おわりに

「はじめに」で述べたように、小論は、東日本大震災で「ふるさと」を無くした（あるいは追われた）人たち、そして愛する人々を喪った方々に、ものの観方の何らかの変換が可能であればという意図に支えられて、現在のわたし自身の心境を重ねて書かれたものである。西洋の哲学思想の「とどまる今」という概念を手がかりに、「ふるさと」はわたしたちの心のなかに常に「現前しているもの」と捉えるという考え方を提示してみた。もちろん、失われ、そして喪われたという事実はそのままに受け取らざるをえないことは十分に意識した上でのことである。

「ふるさと」やそこで体験した想いの数々を、単に「記憶」という心の片隅に押し込めるのではなく、人の心のただ今の可能性のひとつとして、それも、将来の「ふるさと」さえをも仰望しようとする最も大切な「内面化」（自己確認）の営みへと捉え返してみればどうであろうか。「臍

181

第二部

の緒」を介して「ふるさと」と強く結ばれているわたしたちであってみれば、その絆を「今現在」のものとして眼前にするとき、「ふるさと」はまさしく「とどまる今」としてわたしたちの今を生きる支えとなるように思われる。「失われた、喪われた」という否定的な意識もまた、うしなわれた当のものたちや生命たちを、まるで「存在しているかのように」まざまざと実感させてくれる力となりうるようにも思う。

　「ふるさと」をわがものとしていれば、人はどこであってもそこを「我が家」とすることができる、というブルクハルトの指摘も、コスモポリタンなどといった大それたものとしてではなく、「ふるさと人」としてならば、首肯することもできようというものではないだろうか。「ふるさと」、そして「ふるさとの人たち」は、たとえすでに喪われているとしても、かくもひしひしとわたしたちに密着して心の現在を占め尽くしているようである。

【注】

1)　宮沢賢治の詩、「病中」末尾の一行。詩集『疾中』所収、『宮沢賢治全集』第2巻、ちくま文庫、1986年、541頁。

2)　以下161頁12行目までのこの文章は、わたしの出身高校である福岡県立戸畑高等学校の『創立80周年記念誌』（2016年10月刊）によせた「校庭に吹く風に…」と題した拙文に手を加えたものである。寄稿文であるという性格から「高校」の思い出に特化した書き方になっているが、そこには、「高校」ばかりではなく、そのほかの時と場所の「ふるさとのなかのわたし」も含意されていると受け止めていただければ幸いである。同高校の関係者の一部の方々の眼に触れるだけにとどまるのを恐れて、ここに再掲したが、ここでは若干の加筆を施した。天籟寺小学校、そして天籟中学校時代の「わたし」については機会があれば、別途記してみたいと思っている。

3)　わたしが育った実家の住所は、当時は福岡県戸畑市天籟寺である。天籟寺地区はわたしの子供の頃は、まだ野山が広がり、畑もあって、牛を飼っている農家も点在していた。次第に住宅が増えてきて、現在は周辺の池や野山も整備され、公園化されている。わたしが30歳代の前半に、隣家から延焼し、実家は消失した。その後隣家共々更地にされ、現在は駐車場になっているようである（2017

第七章　「ふるさと」考

年 2 月末現在の「グーグルマップ・ストリートヴュー」による）。

4）　トマス・アクィナス『神学大全』第一巻、高田三郎訳、創文社、1977 年、169 頁以下参照。なお、原文は次のサイトを利用させていただいた。CORPUS THOMISTICUM, S. THOMAE DE AQUINO, OPERA OMNIA, http：//www. corpusthomisticum.org/iopera.html

5）　Cf., H. Schnarr, Artikel "nunc stans", in：*Historisches Wörterbuch der Philosophie*, Bd. 6, S. 989‒991. 1984 Basel.

6）　Boethius, *De Trinitate*, Cf., http：//www.documentacatholicaomnia.eu/04z/z_0480‒0524__Boethius__De_Trinitate__LT.pdf.html　邦訳：ボエティウス 『三位一体論』（坂口ふみ訳、『中世思想原典集成巻 5、後期ラテン教父』平凡社、1993 年、185 頁）を参照させていただいたが訳文は若干変えている。

7）　以下、プロティノス『エンネアデス』第七巻の当該箇所からの引用に際しては、『プロティノス全集』第二巻、水地宗明・田之頭安彦訳（中央公論社、1987 年）を用い、本文中にその個所の頁数を挙げる。なお、次のギリシア語‐ドイツ語対訳本を参照したうえで、訳文に変更を加えたことをお断りしておく。Plotins Schriften, übersetzt von R. Hader, Bd. 4, Die Schriften 39‒45, 1967 Hamburg.

8）　全体が 13 の章からなるこの文章は、第 6 章までが「永遠」に関する、そして 7 章以降が「時間」に関する論述にあてられ、それぞれ「永遠」と「時間」についての詳細な議論が展開されているが、ここでその中身に立ち入ることはできない。参考までにこの文章に関するハンス・ヨナスの卓抜な解釈があることを付言しておきたい。ハンス・ヨナス『グノーシスと古代末期の精神：第二部神話論から神秘主義哲学へ』（大貫隆訳、ぷねうま舎、2015 年）の最終章、「第六章プロティノスに関する断章」の「Ⅲ プロティノス　永遠なるものと時間について」を参照されたい。

9）　『エンネアデス』の邦訳では「延長」と訳されているが、西洋哲学の歴史からすると、「延長 res extensa」は空間的概念なので、ここでの訳語には適さないと判断されるので、このように訳しておく。

10）　Nicolai de Cusa, *De docta ignorantia*, *Die belehrte Unwissenheit, Buch* II, Lateinisch-Deutsch, 1999 Hamburg, S. 24 und 25. 邦訳書『知ある無知』（岩崎・大出訳、創文社、1979 年、93 頁）を参照させていただいたが、訳文は多少変更した。

11）　マイスター・エックハルト『説教集』田島照久訳、岩波文庫、1990 年、39 頁参照。訳文は、次のテクストを参照して、変更を加えている。Cf., Meister Eckhart, Werke 1, Texte und Übersetzungen von Josef Quint, hrsg. und kommentiert von N. Largier, Frankfurt am Main 1993, S. 30‒31.

12）　一例を挙げるなら、柳田國男はこのようなことを述べている。「よそ外の宗教を見ても、神と人との約束は常に信仰の根柢であるが、わが邦においてはそれが極度に強く久しく、尊い親しみにさえ化していたのである。神が祖霊の力の融合であったということは、私はほぼ疑っておらぬ。」柳田國男 『日本の祭り』

183

第二部

（新編柳田國男集第 5 巻、筑摩書房、1978 年）195 頁。

13） Novalis, *Das allgemeine Brouillon*, Nr. 857, in : Novalis Schriften, hrsg. von Hans-Joachim Mähl, Bd. 2, München 1978, S. 675.

14） J. ブルクハルト『イタリア・ルネサンスの文化』（柴田治三郎訳、中公文庫、上巻、1974 年）「II　個人の発展」の章、特に 145-146 頁を参照。原文は Jacob Burckhardt, *Bilder des Ewigen*, hrsg. von H. Helbling, 1997 Darmstadt, S. 335ff, bes. S. 339f.

15） 松尾芭蕉「俳文」「二二　歳暮」『芭蕉文集』日本古典文学大系 46、岩波書店、1975 年　152 頁。

16） 三木紀人『徒然草　全注釈（一）』（講談社学術文庫）、1979 年、141 頁以下、「○亡き人の来る夜とて」の項参照。

17） 注の 1）を参照。

18） 有名な「永訣の朝」をはじめとする『無声慟哭』の一連の詩も参照されたい（前掲、『宮沢賢治全集』第 1 巻、ちくま文庫、1986 年、155 頁以下）。「わたしのすべてのさいはいをかけてねがう」という最後の一行には、妹とし子のみならず、すべてのいのちの「永生」を祈る賢治の強い思いが読み取れると思う。

19） G. W. F. Hegel, *Phänomenologie des Geistes*, Gesammelte Werke, Bd. 9, Hamburg 1980, S. 103. ここでの『精神現象学』における「教養形成」という論点に関しては、たとえば、次の拙論を参照していただきたい。「『精神現象学』──精神の登高の物語」（加藤尚武編、『ヘーゲルを学ぶ人のために』世界思想社、2001 年）。

20） Ibid., S. 27. この「否定性」という論点に関しては、次の拙論を参照していただければ幸いである。「無限性と否定性──ヘーゲルのイェーナ体系構想における「精神哲学」の成立──」、『思索』第四七号、東北大学哲学研究会、2014 年

最終章　集中復興期間の看過できないこと

工藤　昭彦

はじめに

　政府は、平成23年7月に策定した「東日本大震災からの復興の基本
方針」で、復興期間を平成32年度までの10年間と定め、そのうち前期
5年間の「集中復興期間」に最終的には26.3兆円の巨費を見込み多岐に
及ぶ復旧・復興事業を実施してきた。続いて平成27年6月に決定した
「平成28年度以降の復旧・復興事業について」では、平成32年度まで
の後期5年間を「復興・創成期間」と位置づけ、新たに6.5兆円の事業
費を見積もり、10年間の総事業規模32兆円程度で復興の「総仕上げ」
を目指すとしている[1]。

　ただ、「集中復興期間」に予定された事業の中には、さまざまな理由
で実施が滞り、難題を抱えたまま次期に持ち越されたものもある。会計
検査院の調査でも、復興予算の未執行、積み残し、国庫への返還、不適
切な使用など多くの問題が指摘された。暮らしを取り戻す住宅再建や営
農・営業再建を果たせない被災者も多い。とりわけ原発災害の深刻な避
難指示区域には、帰還の展望すら見出し得ない区域が残されている。廃
炉工程が不透明なまま賠償・廃炉費用が当初の予定額を大幅に上回り、
国民の負担増を懸念する報道も目に付くようになった。

　本稿では、復興の新たなステージから置き去りにされそうないくつか
の問題を指摘し、まとめとしたい。

第一節　復興予算と被災現場のミスマッチ

　巨大地震、巨大津波、巨大原発事故に見舞われた東日本大震災は、自
然災害に人為的災害要因が判別し難く混在する多重災害であり、広範囲

185

に及び甚大な被害をもたらした。このため「集中復興期間」の復興事業は、復興庁の大まかな分類でも「被災者支援」、「住まいとまちの復興」、「産業・生業の再生」、「原子力災害からの復興・再生」、「新しい東北」など5項目に及んでいる。その中に文字通り多種多様な事業が盛り込まれ、実施されてきた。

　こうした事業の財源は当初19兆円程度と見込まれたが、平成27年1月には26.3兆円と大幅に増額・確保され、概ねこの枠内で「集中復興期間」の事業の実施に充てることとされた。会計検査院の報告書によれば、平成23年度から平成26年度までの予算現額29兆円余りに対して、支出済額24兆円、繰越額1.5兆円、不用額4兆円であり、累計執行率81.3％、繰越率28.6％、不用率14.1％となっている[2]。4兆円にも及ぶ不用事由の内訳は、「予定より実績が下回ったもの」が41.1％と最も多く、これに「その他」29.6％、「事業計画の変更により減額したもの」22.4％、を加えれば93％と大部分を占めている[3]。

　費目別の内訳で不用額が多いのは「公共事業等の追加」21.6％、「原子力災害復興関係経費」14.2％、「災害対応公共事業関連費」13.5％、「その他の東日本大震災関連経費」11.7％などで、これら費目の不用額が全体の6割を超えている[4]。震災関連の公共事業や原発災害関連事業などで国の予算措置と被災現場のニーズに大きな乖離があることを物語っていよう。

　なお、「東日本大震災復興交付金」は特定被災自治体に交付された段階で、また「地方交付税交付金」は復興特別会計から交付税特別会計に繰り入れられた段階で国の復旧・復興予算としては執行されたことになる。このため、予算現額に対する累積執行率はそれぞれ89.5％、95.2％と高い[5]。ただ、これらを財源とする事業の実施主体は、被災自治体である。国の予算執行率が高いからといって必ずしも事業の進捗率が高いとは限らない[6]。ちなみに、平成26年度までの4か年間の事業費として交付された基幹事業交付金2兆412億円のうち実際に使われたのは9,902億円、執行率にして48.5％と半分にも満たなかった[7]。

最終章　集中復興期間の看過できないこと

　基金型復興交付金事業の 60.8% を占める災害公営住宅の整備や高台
への集団移転など被災者へ住宅・宅地を供給する住まいの復興に係わる
基幹 4 事業[8] の執行率なども 54.9% に止まった[9]。事業効果促進のために
自治体に交付金を一括配分する住宅・宅地関連等の漁業集落復興、市街
地復興等の効果促進事業なども 26 年度末までの交付額 1,448 億円のう
ち事業内容が未定の交付額が 550 億円と 4 割近くに及んでいる[10]。しか
もその約 7 割に相当する 378 億円は 2 年以上も事業内容が未定のままで
あるという[11]。その原因として住民の合意形成や事業用地の取得に手間
取ったこと等々が指摘されている。ただ、被災現場では、復興住宅の整
備や集団移転計画を上意下達的に導入しようとして住民との間で軋轢が
生じる事例も報じられた[12]。復興交付金の低水準の執行率は「使い勝手
のよい自由度の高い交付金」という当初の主旨が活かされないまま、先
送りや変更・中止に追い込まれた事業が多いことを物語っている。

　この他、国から地方自治体等に対する財政支援措置としては、国の補
助金で基金を造成し、「基金団体」が複数年にわたる復旧・復興事業を
弾力的に実施できるようにした「復興関連基金事業」がある。112 事業
と多岐にわたる基金事業に対する平成 26 年度末までの補助金交付額は
3 兆 8,167 億円と復興交付金の支給額を 1 兆円以上も上回っている。た
だ、全体の事業執行率は 51.5% と低い。中には執行率が 10% に満たな
い事業も 19 事業に及んでいる。使用見込みが立たないまま国庫に返納
される基金も増えそうである[13]。

　最後に、復旧・復興事業の自治体負担を回避するため、地方自治体等
の事業実施状況に応じて交付額が決定される、復興特別交付税に係わる
経費の執行状況をみておこう[14]。震災復興特別交付税は一般会計及び復
興特会から交付税特会に繰り入れられた後、地方自治体等での事業実施
状況等に応じて交付額が決定され交付される。平成 26 年度までの交付
税特会への繰入額 3 兆 3,227 億円に対する支出済額は 2 兆 5,995 億円、
執行率にして 78.2% となっている。交付税特会への繰入は支出額を超
過した繰入金を翌年度繰入額から減額する仕組みになっているため、執

187

行率が極端に低くなることはない。それでも 26 年度末までの 4 年間で 7,232 億円もの支出残高が生じている[15]。年度ごとの調整措置にもかかわらず復興特別交付税の対象となる事業が首尾よく進展してこなかったからである。以下では住宅再建など暮らしに直結する主な復興事業の進捗状況に触れながら、復興から置き去りにされそうな問題について検討してみたい。

第二節　低い住宅再建事業の進捗率

　集中復興期間における被災者支援の中心は住宅の再建であった。緊急に避難所や応急仮設住宅で一時凌いだあと、予定通りだと遅くとも 2 年後は高台移転地の住宅、災害公営住宅、自主再建した住宅へ入居できるはずであった。ところが集中復興期間終了時点の高台移転等による住宅完成戸数は 8,454 戸と計画戸数 1 万 9,460 戸の 43%、災害公営住宅の完成戸数は 1 万 7,171 戸と計画戸数 2 万 9,999 戸の 58% に止まった[16]。原則 2 年の仮設住宅使用期間を年々延長せざるを得なかったのは、住宅再建に必要な高台移転団地の造成や災害公営住宅の建設・整備が大幅に遅滞したからである。

　このため震災から 5 年経ってもなお、行場のない多くの被災者は仮設住宅での暮らしを余儀なくされた。NHK が被災者 1,000 人に実施した「東日本大震災 5 年〜被災者の今〜」というアンケート調査結果でみても、「復興住宅・災害公営住宅の整備」が「遅い」、「やや遅い」が合わせて 67% と 7 割近くに及んでいる[17]。この結果、17 万人もいる避難者のうち親族・知人宅や病院などにいる 1.8 万人を除く 15.2 万人がいまだに仮設住宅（公営、応急仮設、民間賃貸等）で暮らしている。その 8 割近く、11.7 万人が岩手、宮城、福島など被災 3 県の入居者である[18]。

　仮住まいが長引くにつれ、高齢層の多くは体調不良をきたし、住宅再建の途を絶たれたまま亡くなる方もいる。ちなみに、宮城県内 7 市町の応急仮設住宅（プレハブ）の入居者へのアンケート調査によれば、独居高齢者世帯の割合が、平成 24 年調査の 16.4% から 27 年調査では 22.7

最終章　集中復興期間の看過できないこと

％に上昇し、県内平均 10.6％ の２倍以上となっている。また、回答を
寄せた約 7,422 人のうち、53.3％ と半数以上の入居者が高血圧、糖尿病
などの疾患を抱えている[19]。別の調査で、震災関連の死者数をみると平
成 28 年 9 月末までの被災 3 県の累計で 3,468 人と全体の死者数 3,523 人
の大半を占めている。中でも福島県の死者数は 2,086 人と抜きんでて多
い。死者数の 9 割近くは 66 歳以上の高齢者である[20]。これは仮設住宅入
居者に限ったデータではないが、仮設ではこれ以上のことが起きている
と考えても不思議ではない。

　近年はまた、集団移転等による高台造成地での住宅再建計画戸数が当
初の 2 万 8,060 戸から 1 万 9,385 戸数へと 3 割以上も減少するなど、計
画縮小を迫られるような事態も起きている[21]。事業が長引くにつれ、宅
地造成を待ち切れず町外へ転出、住宅建設費の高騰や生活苦による資金
難、災害公営住宅への入居変更などで、住宅建設を断念せざるを得ない
被災者が増えているからである。いまだ建設途上の災害公営住宅なども
入居希望者の減少や高齢入居者の死亡・退去による空き部屋の増加など
が早くも懸念されている[22]。集中復興期間の住宅再建が多くの被災者を
置き去りにしたまま何故にかくも低い進捗率に止まったのか。徹底した
総括を欠いたまま復興シナリオだけは予定通り復興・創成期間という新
しいステージに移行した。

　産業・生業再生については、「被災 3 県の製造品出荷額が震災前の水
準に回復」、「津波被災農地は 74％ で営農再開可能」、「水産加工施設は
86％ で業務再開」、等々のことが指摘されている[23]。ただ、売り上げが
震災前を上回った水産加工業者は 24％、8 割以上回復した業者は 48％
など、生業的部門の回復は遅れている[24]。復興過程で、営農活動を再開
できないまま休廃業を余儀なくされた農家も多い。

　以下、この点についてやや詳しく検討してみよう。

第三節　営農再開から置き去りにされる被災農家

　東日本大震災は農業・農村の衰退傾向を一挙に壊滅状態にまで早送り

した。あれから 5 年以上経ち、津波で被災した 2 万 ha を超える農地の74% が営農再開可能となった。海抜ゼロメーターの沿岸部水田農業の生命線である主要な排水機場も 93% が復旧を完了した。被災農地が2,600ha 余りに及ぶ仙台市沿岸地域に 4 か所あった排水機場も、平成 27年度には復旧工事が完了し、排水能力は震災前の 2 倍に増強された。震災後に瓦礫の山と化した農地、農業用施設は、見違えるほど整備された。

　ただ、福島県の営農再開可能面積の割合は 37% と 4 割にも達していない。避難指示区域等の関連農地が手つかずの状態だからである。営農再開には、除染を始め農地の機能回復など、多くの課題が残っている[25]。

　震災後の営農活動を担う岩手、宮城、福島など被災 3 県の農業経営体のセンサスデータでみた 5 年間の減少率は 22.5% と全国平均の 18.0%を上回っている。とりわけ沿海市区町村の減少率は 37.4% と高い[26]。販売農家の大半を占める販売額 5,000 万円以下の経営体の減少率も 22.5%と全国平均の 18% を上回っている[27]。被災地域ほど販売額を取り戻せないまま休廃業を余儀なくされている経営体が多い。ちなみに、被災 3 県の内陸市区町村の経営体継続率 77.3%、廃業率 22.1% に対して、大津波に洗われた沿海市区町村は継続率 59.4% と 6 割を切り、廃業率 40.6% と内陸部の 2 倍近くに及んでいる[28]。

　津波被災地域の営農再開状況を別の調査資料で見ると、被災 3 県全体で 51.6%、岩手 53.9%、宮城 64.5%、福島 23.6% となっている[29]。ただ、この調査では営農再開を「農業被害のあった農業経営体のうち、東日本大震災以降、調査日時点までに営農を行っている、またはその準備を一部でも再開した経営体」と規定している。この基準では営農再開が過大に評価されかねない。現地の関係者が抱く営農再開のイメージと合致しないのはそのためであろう。

　営農を再開できない理由は、福島県で「原発事故の影響」が 97% と大半を占め、岩手・宮城の両県は「耕地や施設を使用できない」が 9 割以上、「生活拠点が定まらない」、「農機具が確保できない」、「営農資金に不安がある」といった理由も目立っている。たとえ農地が利用可能に

なったとしても、営農再開に向けた基礎的条件の整備が追い付いていないのである[30]。

　ところが平成27年度の農業白書では「8割以上の経営体が経営を再開」、「農業所得の水準も震災前の7割まで回復」したと紹介している。この記述は「市町村を通じて協力を得られた経営再開の意志を有する326経営体」を対象にしたサンプル調査の結果である。3万件を超える被災経営体のわずか1％のデータから全体の傾向を読み取ることは適切でない。「被災地における復旧・復興の取組状況について記述する」という白書の趣旨からすれば、あえて復興局面の一部を切り取ったかのような記述に止まらず、営農継続がままならないまま休廃業を余儀なくされる経営体が多いという被災地の厳しい現実も紹介しなければ、ミスリードの誹りをまぬがれない。

　農業白書はまた、復旧・復興が大幅に立ち遅れている福島県について新たな項目を設け「避難指示区域等の復興に向けた取組」、「農畜産物の安全に向けた取組」、「食品の信頼回復のための取組」などを紹介している。原発被災地域には平成29年3月までに帰還困難区域を除いた全ての区域の避難指示を解除し帰還を可能にするとの方針が示された。ただ、平成27年9月時点で福島県の避難指示区域からの避難者は7万人もいる[31]。帰還に向けた復旧・復興の条件整備はこれから本番を迎える。白書でも「避難住民が帰還後速やかに営農再開できるよう、農林水産省では、除染の進捗状況に合わせた農業関連のインフラの復旧、除染が終了した農地の保全管理、放射性物質の吸収抑制対策等の一連の取組を切れ目なく支援している」と述べている。

　懸念される食品の安全に関しては、放射性物質の基準値を超過した農畜産物は激減し[32]、出荷制限を解除された品目や地域も増えている。にもかかわらず、消費者庁が実施した平成28年度の第8回目の調査でも、福島県及び東北3県が「消費者のためらう産地」として依然高い値を示している[33]。普段の買い物で食品の生産地を気にする理由に「放射性物質の含まれていない食品を買いたい」とする回答者も多い。低線量放射

線リスクの受け止め方も「基準値内であっても少しでも発がんリスクが高まる可能性があり受け入れられない」という人も減っていない。「十分な情報がないため、リスクを考えられない」という人はむしろ増える傾向にある[34]。

　海外の輸入停止や輸入規制措置も緩和しつつあるものの、原発の廃炉に至るまでのリスクが不透明なことから不安を払拭するには長い年月を要しよう。被害を受けた農業者への賠償はもとより、一瞬にして失われた暮らしと仕事を取り戻すための復旧・復興は予断を許さない状態が続いている。予定調和的に「復興・創成期間」へ移行するだけでなく、今一度立ち止まって「農業・農村復興シナリオ」を再考してみることが必要ではないか。

　例えば、「東日本震災復興基本法」の公布以降、復興構想会議の「提言」、「東日本復興基本方針」、「農業・農村の復興マスタープラン」、「東日本大震災復興特別区域法」の制定・施行など一連の国による復興シナリオから見えるのは、高付加価値化、低コスト化、農業経営の多角化をキーワードとする農業・農村の復興ビジョンであり戦略である[35]。

　「復興基本方針」の高付加価値化戦略には、農業者に対する資本強化策の構築等による6次産業化、被災地ブランドの再生、環境保全型農業の推進などが列記されている。資本強化策について「復興マスタープラン」には、この際、被災地の農林漁業者等が単独で経営を再開し、かつ6次産業化に取り組むことは困難な場合もあることから、他の事業者と連携を図ることにより被災地のブランドの再生、創造を図ると記している。

　低コスト化戦略は、農地の大区画化、利用集積等によるコスト競争力のある農業の実現などの文言が並んでいる。このため「復興マスタープラン」には、集落・地域レベルでの話し合いに基づき、地域の中心となる経営体、そこへの農地集積、今後の地域農業のあり方等を定めた経営再開のマスタープランの作成を支援するとして、各種の支援策が盛り込まれた。

最終章　集中復興期間の看過できないこと

　国の計画と並行して県・市町村レベルでは例えば「宮城県震災復興計画」、「みやぎの農業・農村復興計画」、「仙台市震災復興基本計画」などが相次いで策定・公表された。農業・農村の復興ビジョン・戦略は国のそれと大して変わらない。例えば「宮城復興計画」では先進的な農林業の構築というタイトルで農業は震災以前と同様の土地利用や営農を行うことは困難ゆえ、農地の面的な集約や経営の大規模化、6次産業化などのアグリビジネスの推進、競争力のある農業の再生を図るとしている。国の計画のような他の事業者と連携という曖昧な表現ではなしに民間投資を活用したアグリビジネスの振興を掲げ、農業の活性化を可能にするための民間投資の拡大を検討すべき課題として明記している。

　これが「みやぎ農業復興計画」になると、新たな担い手の参入促進という項を設け、震災により、農業者の多くは営農基盤を喪失し、二重ローン問題等で営農意欲の減退が懸念されているので、企業の農業参入を促進し、民間活力を活かした地域農業の再生と活性化を図ることが求められているとして、企業の新規参入促進を促す研修、土地情報の収集と紹介、資金力の活用等々にまで言及している。宮城県の特徴は、国のシナリオ以上に民間活力の導入という名の農外資本への門戸開放に踏み込んでいることである。

　これに関連して宮城県は、税制上の特例措置を活用して民間投資を呼び込むため、民間投資促進特区の創設を国に申請し、復興庁発足の前日、認定書が交付された。「仙台復興計画」では、津波で被災した仙台市東部地域を農と食のフロンティアゾーンとして位置づけ、農業経営の見直し、市場競争力のある作物への転換、6次産業化などを推進するとしている。これを踏まえて仙台市は、農業関連産業の進出や大規模生産への設備投資などの際に税を減免し、農地の集約化と大規模化、経営の抜本的見直し、6次産業化など国内農業が直面する課題に先駆的に取り組むため、農と食のフロンティア特区を国に申請し認定された。

　このように、文言上の多少の違いを別とすれば、国や自治体の復興ビジョン・戦略は、驚くほど似通っている。前提とされているのは、農業

193

者による単独の経営再開は難しい、震災前と同様の営農が困難、農業者の多くは営農基盤を喪失し営農意欲の減退が懸念されるなど、震災以前への復帰が困難だという共通の認識である。そのせいか被災地域の多くの農家が営農を回復できないまま置き去りにされている。創造的復興だからといって競争力・効率重視のシナリオに乗り換え可能な農家や経営体は限られているからである。

　震災直後の仙台市東部地域の被災農家に対する意向調査には、8割近くの農家が営農を継続したいと応えていた。数か月後に東北農政局が実施した意向調査にも、7割近くの人々が今後も営農を継続もしくは開始したいと応え、結果はさほど変わらない。農業・農村の復旧・復興には、被災農家を置き去りにするようなビジョン・戦略の再考・再構築が問われているといってよい[36]。

第四節　不透明な原子力災害からの復興

　福島第一原発事故が招いた原子力災害からの復興は、いまだ多くの難題を抱え、先行き不透明な状態が続いている。福島県全体の避難者数はピーク時の16.4万人から減ったとはいえ、いまだ9.9万人と多く、その7割を占める7.0万人が避難指示区域からの避難者である[37]。避難指示解除区域の除染は徐々に進展したが[38]、浪江町、双葉町、大熊町の大部分を占める帰還困難区域の除染や避難指示の解除はこれからである。

　原発避難者の災害公営住宅も計画戸数4,890戸に対する進捗率は24％と極端に低い。帰還者向けの災害公営住宅などはいまだ計画戸数すら未定である[39]。福島県が実施した「住まいに関する意向調査結果」によれば、翌年度の住宅が決まっていない県外避難2,684世帯の70％が平成29年4月以降も「福島県外での生活を考えている」と回答している。この他「検討中」が20％で「福島県内での生活」を考えているという回答はわずか10％と少ない[40]。このため、帰還困難区域はもとより避難指示が解除された区域でも帰還をためらう被災者の増加が懸念されている。

　見通しがたたないまま避難が長引くにつれ、「福島県避難者意向調査

最終章　集中復興期間の看過できないこと

結果」によれば「心身の不調を訴える同居家族がいる」避難世帯の割合は避難指示区域以外で 55.8％、避難指示区域だと 65.3％ と 10 ポイント近くも上回っている[41]。震災関連死も福島県が 2,038 人と宮城県の 920人、岩手県の 459 人よりも圧倒的に多い。死者に占める 66 歳以上の比率も福島県のみ 9 割と岩手、宮城両県の 8 割台を上回っている[42]。原発被災者の過酷な暮らしの一端がこうした数値にも反映されていよう。

　農地の復旧・整備も遅れている。福島県では津波被災農地 5,460ha のうち避難指示区域の農地が 2,120ha と 4 割近くも占めている。このため、平成 27 年度までの営農再開可能面積割合は 33％ と岩手県の 67％、宮城県の 88％ を大幅に下回っている[43]。ほとんど全ての農畜林産物から基準値を上回る放射線セシウムが検出されなくなったにも関わらず、消費者の不安は払拭されるまでに至っていない[44]。

　震災前の平成 22 年対比でみた平成 26 年の農業産出額も福島県が 78.8％と岩手県の 102.8％、宮城県の 97.0％ からすれば回復が遅れている[45]。避難解除区域に所在した商工業者の地元再開は 557 事業所、再開率にしてわずか 20.3％ と少ない[46]。とうてい集中復興期間が終了したとは判断できないような状態が続いている。

　先行き不透明な原発の事故処理は復興の前途に暗い影を落としている。原発事故で飛散した廃棄物は「放射性物質汚染対処特措法」に基づき処理が進められてきた。福島県内の処理フローによれば、放射線量が高い避難指示区域内等の廃棄物は「対象地域内廃棄物」、放射線量が kg当たり 8,000Bq を超える廃棄物は「指定廃棄物」とし、両者合わせて「特定廃棄物」として別枠で処理される。これら廃棄物を燃焼等により処理した焼却灰等の放射線量が kg 当たり 10 万 Bq 以下のものは既存の「管理型処分場」で、10 万 Bq を超えるものは最終処分の前に「中間貯蔵施設」で管理する。除染に伴う土壌・廃棄物については「仮置場」等で一時保管したあと焼却可能なものは焼却し、専焼灰については濃度に関わらず「中間貯蔵施設」に保管する[47]。

　こうした処理の決め手になるのは、「帰還困難区域」の廃棄物を含め

195

て、受け皿となる「管理型処分場」や「中間貯蔵施設」の建設・整備である。「管理型処分場」については富岡町にある既存の処理場を活用して埋め立て処分することとし、平成28年4月にこの施設が国有化された。安全性や管理体制確保等必要な対策が地域住民の合意を得て確定すれば、双葉郡8町村を中心に10万Bq以下の廃棄物についてはここに搬出・輸送され埋め立て処分されることになろう。

　ただ、福島県内では、除染等により放射性物質を含む土壌や廃棄物が大量に発生し、その量は東京ドームの13倍〜18倍に相当する1,600万〜2,200万 m³にも及ぶと推計されている[48]。これら廃棄物の最終処分の方法は現時点でまだ決まっていない。そこで最終処分までの間、「中間貯蔵施設」を建設し放射線セシウム濃度が10万Bqを超える焼却灰や福島県内の除染土壌などを集中的に管理・保管するための計画が策定された。現在、双葉・大熊両町に中間貯蔵に必要な「受入・分別施設」や「土壌貯蔵施設」を建設することとし、平成29年度中の施設の稼働・貯蔵開始を目指して用地取得、造成工事、道路整備、パイロット輸送、環境影響評価、安全性確保対策等が急ピッチで進められている[49]。

　ところが施設用地全体面積1,600ha、関係する地権者数2,360人のうち、平成28年10月末時点の契約済み面積及び地権者数はそれぞれ170ha（10.6％）、445人（18.9％）に止まっている[50]。このため直近の整備計画資料にも「体制を強化し、丁寧な説明を尽くしながら、用地取得に全力で取り組む」とか「用地取得を加速化し」などの文言が並んでいる。建設予定地は決まったものの、施設の本格稼働に向けた肝心の用地取得はこれからである。

　国は「中間貯蔵施設開始後30年以内に、福島県外で最終処分を完了するために必要な措置を講ずる」旨を法律で規定した[51]。ただ、基本方針は改定されたばかりで、いまだ予定地すら決まっていない最終処分場建設の実効性が確保されるかは定かで無い[52]。中間貯蔵施設がズルズルと最終処分場に切り替えられるのではないか。こうした地域住民が抱く不安を払拭しきれなのも故なしとしないのである。

最終章　集中復興期間の看過できないこと

　さらに福島県以外の宮城、栃木、千葉、茨城、群馬など5県の指定廃棄物も2.5万トン以上に達している。国が県内に長期管理施設を設置するとこととしたが、住民の反対等もありいまだ候補地すら決まっていない[53]。一時保管が長引くにつれ、近隣住民を中心に保管場所や容器の破損等による放射能漏れなどへの不安が広まっている。

　原発の汚染水対策も綱渡りの状態が続いている。事故を起こした原発の建屋には、溶けた燃料を冷やした水と地下水が混入した汚染水が流入する。地下水のくみ上げなど一連の対策によりその量は減りつつあるものの、いまだ日量で150トン〜300万トンにも及んでいる[54]。

　汚染水の設置エリアには総容量80万トン規模の千基を超える貯蔵タンクが敷地を埋め尽くし、まもなく保管場所の確保が難しくなるといわれている[55]。このため多核種除去設備（ALPS）などで浄化した汚染水を海水で希釈して海に放出する案などが検討されている[56]。ただ、浄化によりセシウムやストロンチウムなど約60種類の放射性物質は除去されるが、現在の技術で取り除くことが困難なトリチウムは高い濃度で残っている。これを海水で希釈し、1日400トン海に放出するには施設の解体期間を含めて113か月、9年以上、全体の処理コストは34億円かかると試算されている[57]。「健康や環境に与える影響はほとんどない」といわれているが、トリチウム汚染水の大量放出は水産物など漁業資源の原発被害・風評被害にさらなる追い打ちをかけかねない[58]。

　「汚染源を取り除く」、「汚染源に水を近づけない」、「汚染水を漏らさない」という汚染対策の基本方針に基づくさまざまな対策は、確かに一定の成果を上げている[59]。ただ、以前に問題となったような貯蔵タンクからの汚染水の漏えい、遮水壁等とは別ルートで流出入する汚染水の海洋放出など、多くの懸念はいまだ払拭されていない。廃炉工程や安全確保対策が手探りの状態を続けていることが、それに拍車をかけている。

　原子炉を解体・撤去するには「使用済燃料プール」に保管されている核燃料を取り出し、そのあと原子炉内に溶け落ちた「燃料デブリ」を取り出すという作業が必要になる。ここから廃炉までは30〜40年かかる

197

と見込まれているが、確たる保障はない[60]。

　東京電力の2017年1月の調査では、溶け落ちた核燃料が格納容器内に落下し、強い放射線を出していることが判明した。翌2月に調査ロボットが撮影した映像解析によれば空間放射線量は、人が近づくと30秒で死に至る毎時650シーベルトにも達したと報じられている[61]。炉心溶融により溶け落ちた燃料が圧力容器から格納容器内にまで落下・散在しているとすれば、「燃料デブリ」の取り出しは困難を極めよう。廃炉に至る工程は、再度大幅な見直しを避けられそうにない。

　事故処理費も増えそうである。経済産業省が示した試算値によれば原発の事故処理費は3年前の11兆円から21.5兆円と2倍に増えた。「廃炉・汚染水」対策などは2.0兆円から8.0兆円と一挙に4倍に膨らんだ。その他「賠償」が5.4兆円から7.9兆円、「除染」が2.5兆円から4.0兆円、「中間貯蔵」が1.1兆円から1.6兆円と軒並み増加が見込まれている[62]。ただ「燃料デブリ」の拡散状況や危うさが残る汚染水対策の現状からすれば、「廃炉・汚染水」対策が8.0兆円で済むかどうかは定かで無い。賠償総額も避難が長引くにつれすでに6兆2,589億円とうなぎ上りに増えている[63]。「帰還困難区域」の除染や「中間貯蔵施設」の建設はこれからである。

　我が国の原子力損害賠償制度では事業者が無限の賠償責任を負っている。東電の原発事故処理に当たる「原子力損害賠償・廃炉等支援機構」（通称原賠・廃炉機構）の下での賠償スキームも基本的にはこれと変わらない。急増が見込まれる「廃炉・汚染水」対策費は東電の経営合理化による収益を優先的に充当するとされている。これだと送配電の合理化益などは利用者に還元されないことになる[64]。

　巨額の賠償費用は東電だけでは対応しきれないため、ある程度時間をかけて全国の大手電力会社が納付する負担金で賄うこととされていた[65]。その原則に基づき賠償費用の増額に当たり東電は2.7兆円から3.9兆円、大手電力は2.7兆円から3.7兆円にそれぞれ負担金を増やすとしている。ただ、増額された7.9兆円から回収が始まる2020年前の2019年度末時

点までに納付が見込まれる一般負担金を控除した額2.4兆円について
は、託送制度を活用し、新電力にも負担を求めるとしている。いずれに
しろの賠償費増額相当分を送電線の使用料（託送料金）で回収するこの
案だと、2.4兆円は詰まるところ電気利用者が負担することになる[66]。

　4兆円に増える除染費は原賠・廃炉機構が保有する東電株の売却益を
充てるとしている。この想定は株価が今より4倍近く値上がりしなけれ
ば成り立たない。このため「不足が生じた場合には、負担金の円滑な返
済の在り方について検討する」と注記している。

　中間貯蔵施設は増額分を含めてこれまで同様「エネルギー対策特別会
計」、つまりは国が負担する。このほか東京電力の資金繰りを支援する
ためとして、原賠・廃炉機構を通じた「つなぎ融資」的な国の支援枠を
これまでの9兆円から13.5兆円に引き上げる。果たしてこれで済むか
どうか、また返済が担保されるかどうか、ともに定かで無い。

　原発事故処理費の増額を「託送」や「国の支援」に依存する手法だと、
廃炉に至る過程で国民負担が際限なく膨らんでいこう。そのことの是非
を含めて原子力災害からの復興は正念場を迎えている。

第五節　震災からの問い

　東日本大震災は、衰退が進む太平洋沿岸部の農漁村地域を壊滅させた。
連日報じられる被災地の映像はあたかも瞬時に訪れた限界領域の末路を
物語るかのようであった。翻って見るに、資本主義による市場経済の発
展は、人々の暮らしの拠点である共同体に破壊的な作用を及ぼしてきた。
冷戦構造の崩壊以降、社会と折り合う自動制御装置を欠落した暴走する
市場経済は、一段とその破壊力を増している。限界領域を切り捨てる力
学が強まる時代に壊滅した農漁村を復興するのだから一筋縄でいくはず
はない。仁義なき資本主義に過度に同調する復興シナリオだと、創造的
復興どころか非人道的復興ビジネスに加担するだけである。確かに集中
復興期間に山と積まれた瓦礫は姿を消し、公共インフラも粗方整備され
た。その意味で、多くの人材と資金を投じた復興の成果は絶大であった。

ただ、いまだ復興の要である「暮らし」と「仕事」を取り戻せないまま
置き去りにされている人々が数多くいる。それは何も被災地に限ったこ
とではない。市場経済の破壊力が招く現代社会に共通する病理現象とし
て世界を席巻している。対抗するかの如く危機感を抱く人々や地域から
「もう一つ別の世界」を展望する処方箋づくりがはじまった。震災復興
もまた、安全神話の化けの皮が剥がれた原発をキャンセルし、限界領域
に「暮らし」と「仕事」を取り戻す「世直し的改革」が問われていると
いってよい[67]。

【注】

1) 平成23年7月の復興基本計画では、「平成27年度末まで5年間の「集中復興
   期間」に実施すると見込まれる施策・事業（平成23年度第1次補正予算等及
   び第2次補正予算を含む）の事業規模については、国・地方（公費分）合わせ
   て、少なくとも19兆円程度と見込まれる。また、10年間の復旧・復興事業の
   規模（国・地方の公費分）については、少なくとも23兆円程度と見込まれる。
   なお、この規模の見込みには、原則として、原子力損害賠償法、原子力損害賠
   償支援機構法案に基づき、事業者が負担すべき経費は含まれていない。」と記
   していた。その後予算規模は、平成25年1月25兆円、27年1月26.3兆円に
   増額された。また、27年6月には、平成28年度以降32年度までの復興の創世
   記を含む10年間の事業規模が32兆円と見込まれた。その推移と財源について
   は、復興庁資料「復興関係について」平成28年4月4日、が「復興財源フレー
   ムの推移」として総括的にまとめている。
2) 数値は「東日本大震災からの復興等に対する事業の実施状況等に関する会計検
   査の結果について」（以下会検報告という）平成28年4月、会計検査院、P24、
   図表2-2による。
3) 数値は、前掲「会検報告」P26、図表2-4による。
4) 数値は、前掲「会検報告」P25、図表2-3による。
5) 数値は、前掲「会検報告」P25、図表2-3による。
6) 復興交付金は東日本大震災により著しい被害を受けた地域に必要な事業を一括
   化して被災自治体へ交付する制度である。当該事業を実施する特定被災自治体
   は、復興交付金事業計画を作成して復興庁に提出し、同庁から通知された交付
   可能額の範囲内で復興交付金事業を所管する文部科学、厚生労働、農林水産、
   国土交通、環境など5所管官庁に交付申請を行い、交付決定を受けて事業を実

最終章　集中復興期間の看過できないこと

施する。復興交付金事業には 40 の「基幹事業」と基幹事業と一体となってその効果を増大させるために必要な自由度の高い「効果促進事業」がある。なお、事業実施に伴う地方の負担を軽減するため、基幹事業に係る地方負担分の 50% を追加的に国が補助し、さらに残る地方負担分に見合う金額の地方交付税交付金を支給する。このため、交付金事業は実質地方の負担ゼロで実施できる。各官庁が所管する 40 種類の基幹事業など詳細は前掲「会検報告」P38-39 に記載されている。

7)　数値は、前掲「会検報告」P41、図表 3-3 による。

8)　4 事業は「漁業集落防災機能強化事業」、「災害公営住宅整備事業」、「都市再生区画整備事業」、「防災集団移転促進事業」など、いずれも住まいの再建に関わる復興交付金の中心的な事業である。

9)　数値は、前掲「会検報告」P41、図表 3-3 による。

10)　数値は、前掲「会検報告」P41、図表 3-4 による。

11)　前掲「会検報告」P42 参照。

12)　津波で甚大な被害を受けた宮城県名取市閖上地区では、沿岸部の現地をかさ上げして復興住宅を建てる予定であった。しかし住民の反対で市長が代わり、復興住宅の一部を内陸部に移す変更案が作られた。ところが、それをめぐり新市長と議会が対立し、震災から 6 年経った今も建設の目処が立っていない。以上は河北新報「内陸移転もつれる議論」2017 年 11 月 12 日の記事による。

13)　復興関連基金事業の実施状況については、前掲「会検報告」P46-50 図表 3-7 にその詳細が掲載されている。本稿の数値は全て同図表による。

14)　震災復興特別交付税は、註 6 にも記載したように、復興交付金事業を実質地方自治体の負担なしで実施するため、交付税特会に繰り入れられた後、地方自治体等の事業実施状況に応じて交付額が決定され交付される。交付税特会においては、復興特会から交付税特会に繰り入れられた金額が、復興費用の支出に必要な金額を超過した場合には、翌年度の繰入額を減額して調整することになっている。また、交付税特会の支出残額は、翌々年度への繰越しが認められていない。前掲「会検報告」P56-57 による。

15)　数値は、前掲「会検報告」P57、図表 3-11 による。

16)　数値は、復興庁「住まいの復興行程表の更新（平成 28 年 3 月末現在）について」平成 28 年 5 月 20 日、による。

17)　数値は、NHK 報道局社会部東日本大震災取材班「東日本震災 5 年—被災者 100 人アンケート〜震災 5 年・被災者の今〜」2016 年 3 月、による。

18)　復興庁「全国の避難者等の数」平成 28 年 3 月 29 日、による。入居施設別避難者の数は平成 28 年 3 月 10 日現在である。当初 47 万人にも及んだ避難者数は減少しつつあるとはいえ、集中復興期終了時点でも 17 万人もの避難者がいた。なお、被災 3 県別の避難者数は福島県が 5 万 1,727 人と最も多く、ついで宮城県 4 万 4,487 人、岩手県 2 万 1,227 人となっている。また、復興庁「復興の現状」平成 28 年 8 月 29 日、によれば、平成 28 年 6 月時点での仮設住宅等の入

201

居者数は公営住宅等 1 万 1,715 人、民間住宅（みなし住宅）5 万 8,050 人、仮設住宅 5 万 1,296 人、計 12 万 1,061 人と若干減少している。

19) 宮城県健康推進課「平成 27 年度応急仮設住宅（プレハブ）入居者健康調査結果」2016 年 1 月 21 日更新、による。調査対象はプレハブ住宅を管理する 7 市町（名取市、岩沼市、亘理町、山元町、石巻市、東松島市、南三陸町）の入居者 6,971 世帯であり、実施期間は平成 27 年 9 月〜11 月となっている。なお、宮城県「東日本大震災応急仮設住宅等入居者健康調査報告書」（平成 23 年度〜平成 25 年度）は、被災者の心身の健康状態を年次別に詳細に記載した貴重な資料であり参考になる。

20) 復興庁「東日本大震災における震災関連死の死者数（平成 28 年 9 月 30 日現在調査結果）」平成 29 年 1 月 16 日。なお、福島県内の死者数は南相馬市 487 人、浪江町 394 人、富岡町 357 人、双葉町 143 人、楢葉町 129 人、川内村 117 人など避難指示区域内の市町村に集中している。

21) 当初から減少した計画戸数 1 万 9,385 戸は、前掲「住まいの復興行程表」（平成 28 年 9 月末現在）による。なお、計画戸数は「防災集団移転促進事業」、「土地区画整備事業」、「漁業集落防災機能強化事業」など、いずれも復興交付金対象 3 事業の合計である。このことについては毎日新聞「被災地集団移転　計画戸数が 3 割減　宅地造成遅れ人口流失」2017 年 1 月 30 日、が詳しく報じている。

22) 「東日本大震災被災者が入居する岩手、宮城、福島 3 県の災害公営住宅で、一月末時点の空室が計 909 戸に上ることが共同通信の取材で分かった。…空室率を県別にみると、岩手 360 戸（空室率 13％）、宮城は 386 戸（5％）、福島は 163 戸（5％）。空室率の 3 県平均は 7％、市長村別では、岩手県山田町が 31％（県管理分含む）、陸前高田市が 24％、宮城県亘理町 18％ など。」と報じられた。2016 年 2 月 28 日東京新聞朝刊。

23) 復興庁「復興の現状と課題」平成 28 年 11 月 9 日、では復興 5 年間の実績を「被災者支援」、「住まいとまちの復興」、「産業・生業の再生」、「福島の復興・再生」、「その他の取組」の 5 項目に分けて紹介している。

24) 水産庁「水産業復興へ向けた現状と課題」平成 28 年 3 月、による。数値は平成 27 年 11 月〜28 年 1 月に被災地の水産加工業の復興状況について実施したアンケート調査結果で、平成 28 年 2 月 23 日に公表されたものである。

25) 数値は東北農政局「農業・農村の復旧・復興にむけた東北農政局の取組状況」平成 28 年 3 月、による。

26) 数値は農林水産省「食料・農業・農村白書」平成 27 年度、による。

27) 数値は農林水産省「2010 年農林業センサス」及び「2015 年農林業センサス」による。

28) 数値は被災 3 県の農業経営体の経営状況の変化を紹介している農林水産省「2015 年農林業センサス結果概要」による。

29) 数値は農林水産省「被災 3 県における農業経営体の被災・経営再開状況—平成 26 年 2 月 1 日現在」平成 26 年 3 月、による。

最終章　集中復興期間の看過できないこと

30) 数値は前掲「被災 3 県における農業経営体の被災・経営再開状況」による。

31) 数値は各市町村から聞き取った情報を基に原子力被災者生活支援チームで集計した平成 27 年 9 月 5 日時点のものであり、復興庁「復興の現状」平成 28 年 3 月 4 日、に収録されている。

32) 前掲「食料・農業・農村白書」では、平成 23 年度〜27 年度にかけて 17 都道府県の農陸産物放射性物質の検査結果を紹介している。これによれば、平成 27 年度の基準値超過点数は、そばを含むその他地域特産物の検査点数 726 点のうち 1 点だけであった。

33) 消費者庁「風評被害に関する消費者意識の実態調査」平成 28 年 10 月 5 日、によれば福島県が「食品を買うことをためらう産地」とする回答者（N=5,176）の比率は第 1 回（平成 25 年 2 月）19.4％、第 2 回（25 年 8 月）17.9％、第 3 回（26 年 2 月）15.3％、第 4 回（26 年 8 月）19.6％、第 5 回（27 年 2 月）17.4％、第 6 回（27 年 8 月）17.2％、第 7 回（28 年 2 月）15.7％、第 8 回（28 年 8 月）16.6％ と増減をくり返している。被災 3 県（岩手、宮城、福島）の同比率も平成 28 年 2 月で 10.6％ と東日本全域の 2.3％ を 5 倍近く上回っている。

34) 前掲「風評被害に関する消費者意識の実態調査」には、低線量放射線リスクの受け止め方に対する過去 7 回の調査結果が記載されている。これによれば「基準値内であっても少しでも発がんリスクが高まる可能性があり受け入れられない」という回答（N＝5,176）は第 1 回 16.6％、第 2 回 18.9％、第 3 回 16.4％、第 4 回 21.0％、第 5 回 18.6％、第 6 回 21.2％、第 7 回 19.4％、第 8 回 21.0％ と増減を繰り返し、減る傾向が見られない。「十分な情報がないため、リスクを考えられない」という回答などは第 1 回 22.8％、第 8 回 30.3％ とむしろ増えている。

35) 一連の復興プランについての評価は拙稿「農業・農村復旧・復興の現状と課題」『農村と都市をむすぶ』第 62 巻第 4 号 No.726、農林行政を考える会、所収。拙著『現代農業考』創森社、2016 年 2 月 18 日、第 8 章「農業・農村への変革〜震災復興が示唆するもの」などによっている。

36) なお、原子力災害からの復興に関しては、「除染」、「賠償」、「避難解除」、「避難者の帰還」、「被災者の健康管理」、「住宅再建」、「営業・営農の再開」、「風評被害対策」、「原発の事故処理」、「廃炉への工程」など多くの課題を抱えている。

37) ピーク時の避難者 16.4 万人は平成 24 年 6 月時点の数値である。福島県全体の避難者数約 9.9 万人、避難指示区域からの避難者数約 7.0 万人は、前掲復興庁「復興の現状」平成 28 年 3 月 4 日、による。なお、9.9 万人のうち、福島県内への避難者は約 5.5 万人、福島県外への避難者は約 4.3 万人、また 7.0 万人のうち避難指示解除準備区域は約 2.4 万人、居住制限区域は約 2.3 万人、帰還困難区域は約 2.4 万人となっている。

38) 放射性物質汚染対処特措法（平成 24 年 1 月 1 日全面施行）に基づき、汚染が深刻な福島県の 11 の市町村（田村市、楢葉市、川内村、飯舘村、南相馬市、葛尾村、川俣町、浪江町、大熊町、富岡町、双葉町）は「除染特別地域」に指

203

定され、避難指示の解除に伴い国直轄で先行除染が行われてきた。平成 28 年 12 月 31 日時点の除染の進捗状況については「国直轄除染の進捗状況地図」環境省、平成 29 年 1 月 20 日、にまとめられている。

39) 数値は前掲復興庁「住まいの復興行程表」による平成 28 年 3 月末現在のものである。

40) 福島県「住まいに関する意向調査―平成 28 年 1 月 25 日～2 月 22 日実施」結果が 6 月 20 日に公表された。調査の対象は平成 29 年 3 月末で災害救助法に基づく応急仮設住宅の供与が終了する 1 万 2,436 世帯である。ただ、県外借上住宅新潟県調査分の 607 世帯は集計から除外されている。

41) 「福島県避難者意向調査」は平成 28 年 2 月 22 日～3 月 7 日にかけて避難者 5 万 8,018 世帯（有効発信数 4 万 9,909 世帯）を対象に実施され、回答数は 1 万 6,417 世帯、回収率 32.9% となっている。

42) 数値は前掲「東日本大震災における震災関連死の死者数」平成 28 年 3 月 31 日現在、による。

43) 数値は東北農政局「農業・農村の復旧・復興にむけた取組と動き」平成 28 年 12 月、による。

44) 数値等については、註 32、註 33 を参照。

45) 農業算出額の実数は福島県が 2,330 億円（平成 22 年）、1,837 億円（26 年）、岩手県が 2,287 億円（22 年）、2,352 億円（26 年）、宮城県が 1,679 億円（22 年）、1,629 億円（26 年）となっている。数値は前掲「農業・農村の復興・再生に向けた取組と動き」による。

46) 数値は福島県「県内商工業等の現状」平成 28 年 4 月 1 日現在、による。同資料によれば、避難解除等区域所在商工会会員の 2,743 事業所中、1,576 事業所が事業再開し、再開率は 57.5% であるが、このうち地元再開は 557 事業所、再開率 20.3% に止まっている。

47) 福島県内の汚染物質の処理については、環境省「放射性物質汚染廃棄物処理情報サイト福島県の取組み」に「処理フロー図」が掲載されている。

48) 数値は環境省「除染・中間貯蔵施設等の現状について」平成 28 年 3 月 27 日、による。なお、朝日新聞は「福島県内の除染廃棄物について、第 1 原発周辺の 11 市町村間の仮置き場が昨年 9 月に事故後最多の 279 ヵ所となり、今年 1 月末時点でも 271 ヵ所と、高止まり状態となっていることが 21 日、環境省の取材で分かった」2017 年 2 月 22 日、と葛尾村にある仮置き場の写真入りで報じている。

49) 中間貯蔵施設の整備状況については、環境省「中間貯蔵施設の整備について」平成 28 年 11 月、による。この資料では「施設の概要」「施設の構造」「安全対策」「環境保全対策」「焼却灰の貯蔵」などが紹介されている。

50) 数値は環境省「中間貯蔵施設に係る当面の施設整備における環境影響の予測・評価と環境保全対策の検討について」平成 28 年 11 月による。

51) 環境省「中間貯蔵施設の整備について」平成 28 年 12 月、によれば、国は「中

最終章　集中復興期間の看過できないこと

間貯蔵開始後 30 年以内に、福祉県外で最終処分を完了するために必要な措置を講ずる」旨を法律に規定（改定 JESCO 法、平成 26 年 11 月成立）した。

52)　最終処分の基本方針は、「特定放射性廃棄物の最終処分に関する法律」（平成 12 年法律第 117 号）の第 3 条の規定に基づき、平成 12 年 10 月に定められ、平成 27 年 5 月に改定された。ただ、最終処分の受け入れ自治体は決まっていない。改定のポイント等は経済産業省「最終処分に基づく基本方針　改定後の取組状況と今後の取組方針」平成 27 年 12 月 18 日、に記載されている。

53)　5 県の指定廃棄物量（平成 27 年 6 月 30 日時点）及び指定廃棄物に関する各県の会議の開催状況については、環境省「汚染廃棄物処理の進捗状況」による。

54)　建屋への流入量 150 トンは、2016 年 1 月現在の評価値であり、東京電力株式会社「福島第一原子力発電所の汚染水の状況と対策について」2016 年 2 月 3 日、に記載されている。ただ、建屋への流入量は変動するので、東電の別の資料「汚染水対策の主な取組み」では「1 日あたり約 300 トン原子炉建屋に流れ込み、新たな汚染水となっています。」と述べている。なお、経済産業省「福島第一原子力発電所の汚染水問題への対応の概要」平成 25 年 9 月 3 日、では「福島第一原発 1〜4 号機には、1 日約 1,000 トンの地下水流入があり、このうち約 400 トンが建屋に流入。残りの約 600 トンの一部がトレンチ（配管、電線を通す地下の空間）内の汚染源に触れて、汚染水として海に放出されている状況」だと記している。

55)　東電の敷地内には 1,000 基を越える総容量 80 万 m³ の汚染水を保管するタンクが設置されている。平成 27 年 11 月 19 日時点の 1〜4 号機タンクの総水量は 74 万 m³ であるから、現状はほぼ満杯に近い状態であろう。数値は、汚染水処理対策事務局「トリチウム水の取扱いに係る各選択肢（評価ケース）についての評価結果（案）」（以下「評価結果」（案）という）平成 28 年 4 月 19 日、による。

56)　前掲の「評価結果」（案）によれば「トリチウム水タスクフォース第 8 回会合において「成立しうる最終的な処分の在り方として、地層注入、海洋放水、水蒸気放出、水素放出、地下埋設の 5 つの選択肢の洗い出し」を行い、「事務局において、各選択肢の評価ケースについて、当該概念設計に基づき、処分に必要な期間、コスト、施設規模、処分に伴う二次廃棄物の発生量、処分に伴う作業被ばく等の評価結果を整理した」として、詳細な資料を公表している。

57)　前掲の「評価結果」（案）によれば、処分量 80 万 m³ 原water濃度 420 万 Bq/L、処分速度 400m³/日という前提でタンク内のトリウムが残存する汚染水を海水で希釈後海洋放出するケース①の場合、処分開始までの期間約 22 カ月、処分終了までの期間約 88 カ月、解体期間約 3 カ月、計約 113 カ月≒9.4 年、コストは全体で約 34 億円かかると推計されている。

58)　福島民報の「震災から 5 年、福島第一原発汚染水対策、たまり続ける処理水」（2017 年 2 月 12 日）という記事によれば「トリチウムの放出は原発事故以前から行われており、…原子力規制委員会の田中俊一委員長は『トリチウム水を海

205

洋放出すべきだ』としている。国際原子力機構は原発事故を総括した最終報告書の中で、浄化設備で除去できないトリチウムを含む水の海洋放出検討の必要性を指摘している。」と報じている。

59) 東電は現在「汚染水対策3つの基本方針」に基づく汚染水対策を進めている。方針1は「多核種除去設備による汚染水浄化、トレンチ内の汚染水除去」、方針2は「地下水バイパスによる地下水の汲み上げや建屋近隣の井戸（サブドレン）での地下水の汲み上げ、凍土方式の陸側遮水壁の設置、土壌浸透を抑える敷地舗装」、方針3は「水ガラスによる地盤改良、海岸遮水壁の設置、タンクの増設（溶接型へのリプレース等）」であり、前掲「福島第一原子力発電所の汚染水の状況と対策について」という資料で装置の模式図や写真等を含めて対策のポイントを紹介している。

60) 「東京電力（株）福島第一原子力発電所の廃止措置に向けた中長期ロードマップ」平成27年6月12日では、中長期ロードマップの期間区分の考え方として、第1期、第2期、第3期ごとに廃炉工程の作業内容等が整理され、第2期終了時点から実施される予定の燃料デブリの取り出しから廃止措置終了までの実行期間を30〜40年後と見込んでいる。なお、第1期2年以内、第2期10年以内、第3期30〜40年後とされているので、燃料デブリの拡散が判明していなかった時点ですら、全工程の終了には最長で52年、半世紀以上もかかると見込まれている。

61) 東京電力ホールディングス株式会社「2号機原子炉格納容器内部調査におけるペデスタル内事前調査結果（画像処理の結果）」2017年2月2日（調査日は1月30日）、によれば「原子炉圧力容器（RPV）内の核燃料が気中に露出し、溶融した。事故進展解析の結果、溶融して核燃料の一部がペデスタル内に落下している可能性があることが判明した。燃料デブリを取り出すためには、原子炉格納容器内（PCV）の調査を実施し、デブリ及び周辺構造物の状況を把握することが必要」だと説明している。また、翌2月に実施した同様の調査では、格納容器の空間線量は毎時推定650シーベルトと1月末調査の530シーベルトを上回った。河北新報「堆積物を一部除去」2017年2月10日、の記事による。

62) 事故処理費の見直し額は、東京電力改革・1F問題委員会2016年12月9日の参考資料「福島事故及びこれに関連する確保すべき資金の全体像と東電と国の役割分担」による。

63) 復興庁の資料によれば、2016年7月15日現在の賠償総額は約6兆2,586億円に達し、その内訳は本賠償（個人）2兆7,107億円、本賠償（団体、地方公共団体）1兆2,910億円、本賠償（事業者）1兆7,502億円、自主避難等3,536億円となっている。

64) 東京電力改革・1F問題委員会「東電改革提言（案）」平成28年12月20日、によれば30年程度を要する廃炉費用を東電が負担するため、本来需要者に還元されていいはずの経営合理化による収益や送配電事業の合理化益を国が創設する管理型積立金制度に優先的に充当するとされている。

最終章　集中復興期間の看過できないこと

65）　一般負担金を支払っている大手事業者は旧一般電気事業者 9 社（北海道、東北、東京、中部、北陸、関西、中国、四国、九州の各電力会社）に日本原子力発電、日本原燃を加えた 11 社で、2011 年度から 2015 年度までの負担金の支払額は 2011 年度：815 億円、12 年度：1,008 億円、13 年度：1,630 億円、14 年度：1,630 億円、15 年度：1,630 億円となっている。

66）　一般負担金を控除した 2.4 兆円のうち、新電力のシェアを 10% と想定した負担額は 0.24 兆円（2,400 億円）、これを 40 年間で回収するには年負担額が 60 億円、60 億円は託送料金 0.07 円／kwh に相当するので、一般標準家庭の負担額は月当たり 18 円になるとしている。なお、朝日新聞は 2017 年 2 月 27 日の記事で「一般負担金を支払っている電力会社のうち家庭の電気料金でまかなっている 7 社（北海道、東北、東京、中部、関西、四国、九州）について試算したところ、1 世帯当たり年約 587 円〜1,484 円を負担している概算となった」と報じている。2020 年以降、新電力を含めて増額分を送電線の利用料に上乗せすると、さらに負担が増えることになる。なお、福島県の帰還困難区域における除染をはじめとする、復興拠点の整備は国の負担で行い、東電には求償しないことが「原子力災害からの福島復興の加速のための基本方針」（平成 28 年 12 月 20 日閣議決定）で決まっている。福島の復興のためという大義に紛れ、汚染者である東電の負担は税金に付け回されたのである。

67）　記載した内容の概略は、後期課程の総合科目「環境と経済・社会の調和」の第 14 回、15 回で新聞記事等を紹介しながら講義した。講義のタイトルからして、震災や原発事故など環境や経済・社会に関わる直近のリアルな問題について情報提供しながら考えてもらいたいと思ったからである。15 分程度と短い時間ではあったが、感想をミニットペーパーにまとめてもらった。その中から「日本に足りないのは反省だ」と述べた工学部五十右理乃さんの感想を（本人の了解が得られたので）原文のまま紹介しておこう。
　　「原発事故の処理費用を国民が負担するのは一向に構わない。むしろ同じ国民同士協力することは不可欠だ。しかし、徴収された料金がどのように使われるのかを明示することは、当たり前のことではないのか。昨年の春、東北の地に来たということで、石巻を訪問したが、ゼロとまでは言わないが、復興は思ったほど進んでおらず、海沿いは未だ更地で、人気のない街だった。私達はあの震災のあと、復興のため、被災者のためと、募金や物資の配送などあらゆる形で支援してきたが、その成果として得られたものはほとんどない。だから、国から更なる負担を強いられたとき、快く応じることができない。それは、原発事故についても同様である。記事には電気料金に負担を転嫁するとあり、私たちはボイコットできるわけもなく、きっとこれから勝手に値上げされ、不満を抱きながらも結局支払っていくのだろう。しかし、これは根本的な解決にはならず、同様のことが繰り返されることは必須である。さらに再稼働をしている原発もあり、これから先、また事故が起こり、未解決の問題が蓄積していくのは目に見えている。日本に足りないのは反省だ。1 回目のことですら許されな

207

い。2回目以降のことはなおのことだ。今までの事故対応をもう一度省みることが、問題解決への最も重要な一歩だと思う。」(2017.1.30)（工学部1年五十右理乃）。なお、これ以外にも興味深い内容の記載が多々あり、新入受講生の知的好奇心や高い理解力を窺い知ることができた。　2017年3月13日脱稿

執筆者略歴

花輪　公雄（はなわ　きみお）

　1952 年山形県生まれ。1981 年 3 月、東北大学大学院理学研究科、地球物理学専攻、博士課程 3 年の課程単位取得退学。理学博士（1987 年、東北大学）。専門は海洋物理学、特に大規模大気海洋相互作用論。1981 年東北大学理学部助手、その後講師、助教授を経て 1994 年教授、1995 年、大学院重点化により大学院理学研究科教授に配置換え。2008 年 4 月から 2011 年 3 月まで理学研究科長・理学部長、2012 年 4 月より理事（教育・学生支援・教育国際交流担当）に就任し現在に至る。学外では、日本学術会議連携会員、気象庁気候問題懇談会会長、文部科学省科学技術・学術審議会海洋開発分科会委員、気象庁・海洋研究開発機構アルゴ計画推進委員会委員長などに就任。最近の主な著作に、『若き研究者の皆さんへ　青葉の杜からのメッセージ』（単著、東北大学出版会、2015 年）、『続　若き研究者の皆さんへ　青葉の杜からのメッセージ』（単著、東北大学出版会、2016 年）、『海洋の物理学』（単著、共立出版、2017 年）そのほか。

森田　康夫（もりた　やすお）

　1945 年和歌山県生まれ。1968 年東京大学理学部卒業。1970 年東京大学大学院理学系研究科修士課程修了。専門は数学および数学教育。保型関数、p–進解析、数論的代数幾何などの整数論の研究を経て、1995 年頃より数学教育（入学試験や少子化の教育への影響など）を研究している。東北大学大学院理学研究科教授、東北大学教養教育院総長特命教授を経て、現在は、東北大学名誉教授、公益財団法人数学オリンピック財団常務理事。

　主な著作は、『代数概論』（単著、裳華房、1987）、『整数論』（単著、東京大学出版会、1999）、『数論への出発（増補版）』（共著、日本評論社、2004）、『数学辞典　第四版』（共著、岩波書店、2007 年）、『検証共通 1 次・センター試験』（共著、大学教育出版、2008 年）。

木島　明博（きじま　あきひろ）

　1953 年東京生まれ。1976 年東北大学農学部卒業、1981 年東北大学大学院農学研究科博士後期課程修了（農学博士）。専門は海洋生物学、水族遺伝育種学。1982 年日本学術振興会奨励研究員、1983 年高知大学農学部助手、1987 年東北大学農学部助教授、1996 年同教授、2003 年同大学院教授となる。2006 年に東北大学総長室副室長となり2008 年から 2010 東北大学副学長（教養教育改革担当）、2008 年から 2014 年高等

教育開発推進センター長、学生相談所長、キャリア支援センター長ロシア交流推進室長などを歴任。2012 年から現在まで文部科学省補助事業「東北マリンサイエンス拠点形成事業（海洋生態系の調査研究）」の代表研究者、2016 年からは東北大学リサーチ・プロフェッサーとなる。主な著作に、『「水産海洋ハンドブック」5.8. 遺伝と育種.』（木島明博・吉崎悟朗、㈱生物研究社、2004（2016 改訂））、『第 3 章東北大学の復興支援活動と大学教育の将来「東日本大震災と大学教育の使命」』（木島明博、東北大学出版会、2012）、『東北マリンサイエンス拠点形成事業（海洋生態系の調査）の復興への取り組み.』（木島明博・木暮一啓・北里洋、学術の動向. 2015）、『Reconstruction and Restoration after the Great East Japan Earthquake and Tsunami-Tohoku Ecosystem-Associated Marine Sciences Project Activities-』（Kijima, A., Kogure, K., Kitazato, H., Fujikura K., Springer, ISSN 1878-9897、2017）。

野家　啓一（のえ　けいいち）

1949 年宮城県生まれ。1971 年東北大学理学部卒業、1976 年東京大学理学系大学院科学史・科学基礎論博士課程中退。専門は哲学・科学基礎論。南山大学専任講師、プリンストン大学客員研究員、東北大学教授、理事・附属図書館長を経て、現在東北大学名誉教授、高度教養教育・学生支援機構教養教育院総長特命教授。

主な著作に『物語の哲学』（単著、岩波現代文庫、2005 年）、『パラダイムとは何か』（単著、講談社学術文庫、2008 年）、『科学の解釈学』（単著、講談社学術文庫、2013 年）、『科学哲学への招待』（単著、ちくま学芸文庫、2015 年）、『歴史を哲学する』（単著、岩波現代文庫、2016 年）そのほか。

前　忠彦（まえ　ただひこ）

1943 年東京生まれ。1971 年東北大学大学院農学研究科博士課程修了（農学博士）。専門は植物栄養生理学。1971～1979 年オランダ植物生理中央研究所博士研究員・米国イリノイ大学農学部博士研究員・日本学術振興会奨励研究員等、1980 年東北大学農学部助手、1984 年同農学部助教授、1994 年同教授を経て 2007 年東北大学停年退職。2007 年東北大学名誉教授～現在に至る、この間 2011 年～2014 年東北大学教養教育院総長特命教授。

主な著作に『作物の生態生理』（共著、文永堂出版、1984）、『植物生産性の生理生化学』（共著、博友社、1986）、『Plant Senescence : Its Biochemistry and Physiology』（共著、The American Society of Plant Physiologists、1987）、『稲学大成　第二巻　生理編』（共著、農山漁村文化協会、1990）、『現代植物生理学　1. 光合成』（共著、朝倉書店、1992）、『Science of the Rice Plant. Vol. 2. Physiology』（共著、Food and Agriculture Policy Research Center（Japan）、1995）、『新農法への挑戦：生産・資源・環境との調和』（共著、博友社、1995）、『植物生理学講座　4.　成長と分化』（共著、朝倉書店、2001）、『植物栄養学』（共著、文永堂出版、2001）、『植物栄養・肥料の辞典』（共著、朝倉書店、2002）、『Plant Cell Death Processes』（共著、Elsevieer Academic Press、2004）、『生物化学』（共著、朝倉書店、2005）、『イネの生産性・品質と栄養生理』（共著、博友社、2006）、『Nitrogen Assimilation in Plants』（共著、Research Signpost、2010）そのほか。

佐藤　健（さとう　たけし）

　1964 年宮城県生まれ。1989 年東北大学大学院工学研究科建築学専攻修士課程修了。専門は地震工学、防災教育。㈱フジタ、宮城工業高等専門学校建築学科助手、東北大学工学部附属災害制御研究センター講師・准教授を経て、2012 年より東北大学災害科学国際研究所災害復興実践学分野教授。博士（工学）。現在、東北大学総長特別補佐（災害対策担当）、東北大学災害対策推進室副室長、2015 年よりプロジェクト連携研究センター防災教育国際協働センター長、静岡大学客員教授、大阪教育大学学校危機メンタルサポートセンター共同研究員。日本安全教育学会常任理事、内閣府「防災教育チャレンジプラン実行委員会」委員、文部科学省「研究開発学校（仙台市立七郷小学校：防災安全科）運営指導委員会」委員長、宮城県「防災教育を中心とした実践的安全教育総合支援事業推進委員会」委員、仙台市「新たな学校防災教育推進協議会」座長、石巻市「学校防災推進会議」委員長など。

　主な著作に、『防災教育の展開』（共著、東信堂、2011 年）、『学校・子どもの安全と危機管理』（共著、少年写真新聞社、2012 年）、『災害　その時学校は　事例から学ぶこれからの学校防災』（共著、ぎょうせい、2013 年）、『東書マルチビデオソフト地震防災』（監修、東京書籍、2017 年）そのほか。

小林　隆（こばやし　たかし）

　1957 年新潟県生まれ、1973 年東北大学大学院退学。専門は方言学。国立国語研究所研究員を経て、現在、東北大学大学院文学研究科教授。

　主な著作に『方言学的日本語史の方法』（単著、ひつじ書房、2004 年）、『方言が明かす日本語の歴史』（単著、岩波書店、2006 年）、『シリーズ方言学』全 4 巻（共著、岩波書店、2006〜2008 年）、『ものの言いかた西東』（共著、岩波書店、2014 年）、『方言学の未来をひらく』（共著、ひつじ書房、2017 年）。

座小田　豊（ざこた　ゆたか）

1949 年福岡県生まれ。1978 年東北大学大学院文学研究科博士課程単位修得退学。
専門：哲学、西洋近代哲学。

弘前大学教養部助教授、東北大学大学院国際文化研究科助教授、東北大学文学部
助教授、東北大学大学院文学研究科教授を経て、現在東北大学総長特命教授・東北
大学名誉教授。主な著書：（2000 年以降）（共編著）『ヘーゲル：知の教科書』（講談
社メチエ、2004 年）、『今を生きる　東日本大震災から明日へ！　復興と再生への提
言　1　人間として』（東北大学出版会、2012 年）、『ヘーゲル『精神現象学入門』』（講
談社学術文庫、2012 年）、『防災と復興の知　3・11 以後を生きる』（大学出版部協会、
2014 年）、『生の倫理と世界の論理』（東北大学出版会、2015 年）、『自然観の変遷と
人間の運命』（東北大学出版会、2015 年）共訳書：H・ブルーメンベルク『コペルニ
クス的宇宙の生成』3 巻（法政大学出版局、2002 年・2008 年・2011 年）、『ヘーゲル
ハンドブック』（知泉書館、2016 年）そのほか。

工藤　昭彦（くどう　あきひこ）

1946 年秋田県生まれ。1974 年東北大学大学院農学研究科博士課程単位取得退学。
専門は農業経済学。2010 年 3 月農学研究科定年退職後同年 4 月から 2017 年 3 月まで
同大学教養教育院総長特命教授として新入学生を対象とした教養教育に従事。現在
東北大学名誉教授。

主な著作に、『現代日本農業の根本問題』（単著、批評社、1992 年）、『資本主義と
農業―世界恐慌・ファシズム体制・農業問題』（単著、批評社、2009 年）、『現代農業
考―「農」受容と社会の輪郭』（単著、創森社、2016 年）、『現代の資本主義を読む―
「グローバリゼーション」への理論的射程』（編著、批評社、2004 年）、『解体する食
料自給政策』（共著、日本経済評論社、1996 年）、『山村の開発と環境保全』（共著、
南窓社、1997 年）、『転換する資本主義』（共著、お茶の水書房、2005 年）、『国際化
時代の農業と農政』（戦後日本の食糧・農業・農村第 5 巻）（共著、農林統計協会、2017
年）。

装幀：大串幸子

東北大学教養教育院叢書「大学と教養」
第 2 巻　震災からの問い

Artes Liberales et Universitas
2 Issues raised after the Great East Japan Earthquake

Ⓒ東北大学教養教育院 2018

2018 年 3 月 26 日　初版第 1 刷発行
編　者　東北大学教養教育院
発行者　久道 茂
発行所　東北大学出版会

　　　　〒980-8577　仙台市青葉区片平 2-1-1
　　　　TEL：022-214-2777　FAX：022-214-2778
　　　　http：//www.tups.jp　E-mail：info@tups.jp

印　　刷　亜細亜印刷株式会社

　　　　〒380-0804　長野県長野市大字三輪荒屋 1154
　　　　TEL：026-243-4858

ISBN978-4-86163-304-1　C0000
定価はカバーに表示してあります。
乱丁、落丁はおとりかえします。

JCOPY　〈出版者著作権管理機構　委託出版物〉
本書の無断複写は著作権法上での例外を除き禁じられています。複写される場合は、そのつど
事前に、出版者著作権管理機構（電話 03-3513-6969、FAX 03-3513-6979、e-mail:info@jcopy.or.jp）
の許諾を得てください。